收"乱"纳"繁"之未来生活小助手系列教程

整理收纳指导与实训

学校篇

主 编　吴旭亚　应钏钏　周朝燕

上海交通大学出版社
SHANGHAI JIAO TONG UNIVERSITY PRESS

内容提要

　　本教材以教学区的整理与收纳(书包整理与收纳、课桌整理与收纳、讲台整理与收纳、保洁柜整理与收纳和教室美化与设计)和宿舍区的整理与收纳(床铺整理与收纳、柜子整理与收纳、鞋子整理与收纳、洗漱台整理与收纳、卫生间整理与收纳)共 10 项学习任务展开劳动教育,帮助学生学会整理收纳,打造井然有序的环境,培养他们良好的行为习惯,让学生感受到自己有创造美好生活的能力,从而收获更自律、更美好的人生。

图书在版编目(CIP)数据

整理收纳指导与实训. 学校篇/吴旭亚,应钏钏,
周朝燕主编. —上海:上海交通大学出版社,2025.7.
ISBN 978 - 7 - 313 - 32786 - 4

Ⅰ. G40 - 015

中国国家版本馆 CIP 数据核字第 2025WQ8863 号

整理收纳指导与实训(学校篇)
ZHENGLI SHOUNA ZHIDAO YU SHIXUN(XUEXIAO PIAN)

主　　编:吴旭亚　应钏钏　周朝燕
出版发行:上海交通大学出版社　　　　　　地　　址:上海市番禺路 951 号
邮政编码:200030　　　　　　　　　　　　电　　话:021 - 64071208
印　　制:上海锦佳印刷有限公司　　　　　经　　销:全国新华书店
开　　本:787mm×1092mm　1/16　　　　印　　张:8
字　　数:112 千字
版　　次:2025 年 7 月第 1 版　　　　　　印　　次:2025 年 7 月第 1 次印刷
书　　号:ISBN 978 - 7 - 313 - 32786 - 4　　音像书号:ISBN 978 - 7 - 88941 - 705 - 1
定　　价:39.00 元

编委会

主　　编：吴旭亚　应钏钏　周朝燕

副主编：周晨露　叶莉琼

编　　委：（按姓氏汉语拼音排序）

　　　　　刘　海　刘晓强　刘永志　刘智敏

　　　　　余勇华

前　言

党和国家历来重视劳动教育,新时期更是提出了全面加强劳动教育。劳动教育不仅仅是一种具体的教育实践,更是一种教育文化的革命。然而,青少年学生中普遍存在对整理收纳认识片面,整理收纳习惯差,整理收纳无规范、无标准等问题,导致学生出现不想整理、不会整理和不爱整理的倾向。

本教程根据《关于全面加强新时代大中小学生劳动教育的意见》精神,立足"万物皆可整理"的底层逻辑理念,选择学生日常学习生活中随处可见的整理收纳活动作为基础任务,运用"工学一体化"的教学手段重点介绍书包、课桌、讲台、保洁柜、床铺、柜子等空间和物品的整理收纳,并结合学生实际设计一定难度的拓展性内容。本书旨在提升中小学生的整理思维,提升劳动素养水平,帮助学生有秩序且自在地生活,培养学生自律、独立和高效的品质,为未来的学习和生活打下坚实的基础。本丛书分为学校篇和生活篇两册,在编写过程中,主要遵循以下原则。

第一,遵循教育规律,以学生实际为中心。本书从中小学生的真实生活和发展需求出发,力求把学习生活情境中遇到的问题转化为教育主题,帮助学生激发劳动兴趣,强化实践体验,培养劳动习惯,树立劳动精神、劳模精神和工匠精神。

第二,强化综合实践,以教育实效为根本。课程内容既关注学生的学习和生活环境,又关注学生的专业发展;既注重劳动技能的提升,又注重劳动习惯的培养;既鼓励个人自力更生,又提倡团队协同创新。

第三,设计形式新颖,以"时时可学、处处能学"为特色。书本内容以图片、视频等形式呈现,学生可以通过扫二维码观看实操视频和线上课程,丰富的立体化学习资源,为学生提供"时时可学、处处能学"的学习场景。

本教程共 10 个学习任务,参考学时 36 学时,各项目参考学时如下:

课程内容	学时	学时分配		教学组织建议
		理论	实操	
书包整理与收纳	3	1	2	
课桌整理与收纳	3	1	2	
讲台整理与收纳	3	1	2	
保洁柜整理与收纳	3	1	2	
教室美化与设计	9	3	6	在教学组织上,按 4 人/组实施。
床铺整理与收纳	3	1	2	
柜子整理与收纳	3	1	2	
鞋子整理与收纳	3	1	2	
洗漱台整理与收纳	3	1	2	
卫生间整理与收纳	3	1	2	
合计	36	12	24	

整理与收纳是一个看似简单却又极其细致和系统的主题,不仅需要我们深入探究其理论和方法,还要考虑如何将这些技巧和策略有效地传达给广大师生。在编写初期,我们花费了大量的时间去研读相关的书籍、文章,试图从不同的角度去理解整理与收纳的本质,探究其背后的心理学和生活哲学,并在生活中实践这些方法,不断地调整和优化。本教程在编写过程中,得到了许多专家和老师的帮助和支持,特别感谢那些提供案例和分享经验的人们,使本教程显得更加贴近生活实际。但由于每个人的生活环境、习惯偏好有所

不同,教程中提供的技巧可能不完全适用于所有人。同时,受限于个人经验和知识范围,书中难免存在不妥之处,敬请读者批评指正,我们将虚心接受大家的反馈和建议,并在未来的工作中不断改进,以期提供更完善、更有价值的教程内容。

编　者

2024 年 12 月

目　录

教　学　区

宿　舍　区

教学区

学习任务 一

书包整理与收纳

任务描述

任务情景

小小的书包也有大大的"难题",有些同学经常感叹每天都在跟书包"做斗争"。教科书、作业本、试卷等拿取时东翻西找;数学课、劳动课、美术课等零散的学具很容易被弄丢;红领巾、口罩、纸巾、学生卡、图书卡等物品因体积小总容易被遗失;水杯、跳绳、眼镜、书本、学具混在一起,需要给它们找到合适且固定的空间。现要求每位同学在 3 个学时内,以小组为单位,完成本人的书包整理工作。

任务要求

(1) 对象要求:日常上学使用的书包。

(2) 质量要求:依据整理收纳标准的相关规定和个人收纳使用习惯,整理收纳书包,并编制合理的书包整理收纳步骤,形成统一的书包整理收纳流程。

(3) 学时要求:3 学时。

(4) 人员要求:独立完成书包空间规划、书包物品分类和整个书包的整理收纳;小组合作完成互查并作出评价。

(5) 流程要求:任务实施过程中需对照整理收纳标准的相关规定和个人收纳使用习惯。实施前需规划书包空间、分类书包物品,按照实施步骤完成书包的整理收纳,任务结束后小组成员互相检查,然后清理现场等。

(6)交付要求:需提供整理收纳后的书包展示图片和《书包整理与收纳规范》。

任务资料

未经特别整理准备的书包1只、基本功能规划梳理表1张。

任务目标与学时

序号	学习环节	学时	学 习 目 标
1	环节一 认识整理收纳	0.5	① 能举例说明整理收纳在日常生活中的应用 ② 能判定书包整理常见的误区 ③ 能正确识读书包整理收纳示范图 ④ 能叙述书包整理收纳的基本步骤
2	环节二 书包空间规划	0.5	① 能在教师指导下,独立完成书包空间的规划 ② 能在教师指导下,独立完成书包内所有物品的分类和取舍
3	环节三 物品整理收纳	1	① 能根据整理示范图,按照使用习惯和使用时间,对书包的物品进行灵活分类存放 ② 能在教师指导下,灵活运用文件袋、收纳袋等分装物品,及时清理与学习无关的东西
4	环节四 现场检验清理	0.5	① 能根据收纳要求,检查并评价自己的整理情况和同学们的整理情况 ② 整理结束后,能根据场地要求完成现场清理 ③ 能主动获取有效信息,展示整理收纳成果,对整理进行反思总结,并能与他人开展良好合作,进行有效的沟通,养成自觉自愿、认真负责、团结协作的劳动品质
5	环节五 整理工作评价	0.5	① 能在教师的指导下,小组合作,并推选代表展示自己整理完成的书包 ② 能倾听别人对自己作品的点评,并进行总结反思 ③ 能在教师的指导下,开展小组讨论并达成一致,客观、公正填写综合评价表(自评和互评)

学习环节一 认识整理收纳

1. 认识整理收纳

举例说明整理收纳在日常生活中的应用；用自己的话说出整理收纳的基本工作要求；查阅并收集学习区的收纳用品清单；判定书包整理的常见误区。

（1）整理收纳应用：包括学习区整理、生活区整理等。

（2）整理收纳的意义：①培养生活技能。整理收纳的工作涉及空间规划、物品分类等诸多技能，学习整理收纳技巧可以帮助我们养成良好的生活习惯。②增强综合素质。了解整理收纳能够启发我们的规划意识和逻辑思维，在整理的过程中，锻炼思考问题和解决问题的能力。

（3）查阅并收集学习区的收纳用品清单。

（4）书包整理的常见误区：同类物品分散存放、使用频率高的物品随意存放、文具数量多容易丢三落四等。

书包整理
收纳视频

2. 熟悉书包整理收纳流程

扫描二维码，观看书包整理收纳视频。

3. 识读书包整理收纳示范图

陈述书包整理收纳的基本步骤，如图 1-1、图 1-2 所示。

图 1-1 书包整理后的内部展示图

图 1-2　书包整理后的外部展示图

学习环节二　书包空间规划

1. 清空书包

把书包里的所有书本、文具、杂物全部取出。

2. 规划空间

书包的空间分为内部学习用品存放区和外侧生活用品存放区。如图 1-3、图 1-4 所示。

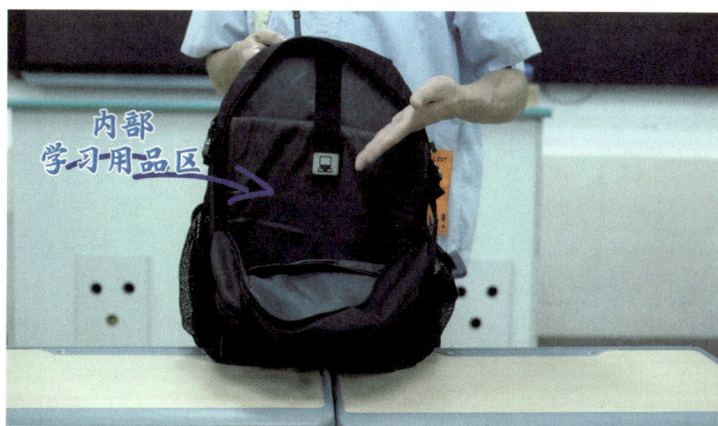

图 1-3　内部学习用品区

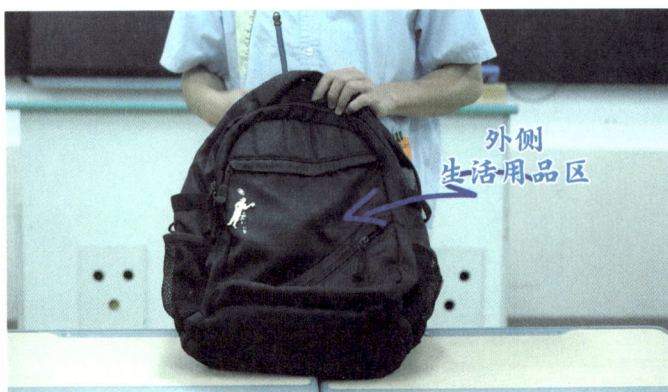

图1-4 外侧生活用品区

学习环节三 物品整理收纳

1. 物品分类

把书包内存放的所有物品全部罗列出来，并进行分类摆放。主要物品包括书本、作业本、试卷、文具、生活用品等。

2. 物品取舍

把书包内的碎纸片、用过的纸巾等杂物扔进垃圾桶。

3. 物品收纳

（1）把书本、作业本等放入书包大口袋，图1-5所示。

大口袋：
书本、作业本、笔袋

图1-5 书包大口袋

（2）把整理好的笔袋放入书包大口袋的一侧，图1-6所示。

大口袋：
书本、作业本、笔袋

图1-6　书包大口袋一侧

（3）把装进文件袋后的试卷等放入书包小口袋，图1-7、图1-8所示。

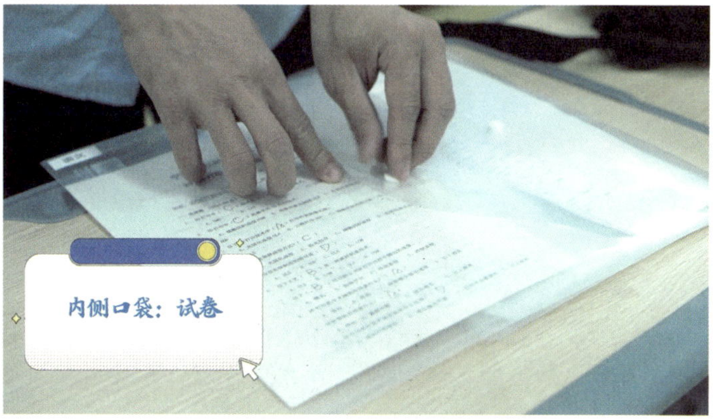

内侧口袋：试卷

图1-7　文件袋装试卷

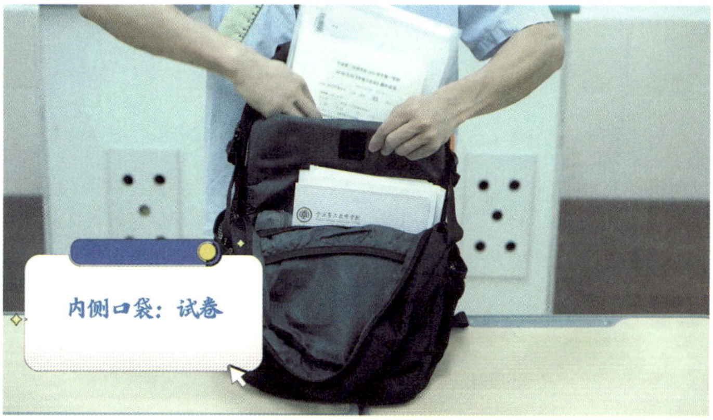

内侧口袋：试卷

图1-8　书包内侧口袋

（4）把常用生活用品（药品、纸巾、校牌等）放入书包外侧口袋，图1-9所示。

图1-9 书包外侧口袋

（5）把水杯、雨伞等放入书包两侧口袋，如图1-10所示。

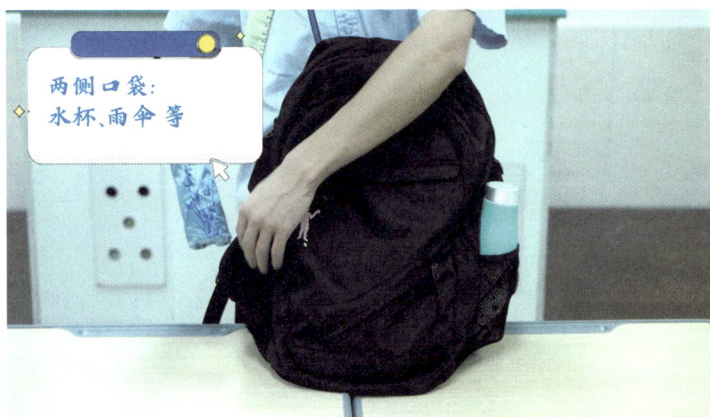

图1-10 书包两侧口袋

学习环节四 现场检验清理

1. 组内互查

对照书包整理收纳示范图，小组相互检查、点评已经整理完成的书包，并提出改进意见。

2. 清理现场

整理收纳完成后,对现场的桌面、地面等进行清理。

学习环节五 **整理工作评价**

1. 认知目标考核评价

如表 1－1 所列的评价标准开展考核,按"完全记住(76～100 分)""记住(51～75 分)""一般记住(26～50 分)""未记住(0～25 分)"进行打分。

表 1－1　认知目标考核评价表

序号	评价要点	评价标准	配分(分)	得分(分)
1	整理收纳基本认识	举例说明整理收纳在日常生活中的应用	15	
2	书包整理误区辨别	判定书包整理的常见误区	15	
3	书包整理收纳环节	陈述书包整理收纳的四个基本环节	40	
4	书包使用注意事项	陈述书包使用的注意事项	30	
合计				
评分人		年　月　日	核分人	

2. 现场整理规范评价

对表 1－2 所列的评价标准开展考核,按"非常熟练操作(76～100 分)""熟练操作(51～75 分)""一般熟练操作(26～50 分)""不熟练操作(0～25 分)"进行打分。

表1-2 现场整理规范评价表

序号	评价要点	评价标准	配分（分）	得分（分）
1	清空书包	快速清空书包，把所有书本、文具、杂物全部取出	10	
2	物品取舍	选择、取舍所有物品，书包内日常用品保持常量，够用就好，书包重量适中	20	
3	物品分类	集中分类所有物品，摆放整齐，物品种类与书包空间格局一致	30	
4	物品收纳	根据使用频率和使用习惯，有序存放，易取易放	30	
5	现场清理	现场整洁，无杂物，符合场所卫生要求	10	
		合计		

评分人　　　　　　　　年　　月　　日　　　　核分人

3. 劳动素养观测评价

对表1-3所列的评价标准开展考核，按"完全达到（76～100分）""较好达到（51～71分）""基本达到（26～50分）""未达到（0～25分）"进行打分。

表1-3 劳动素养观测评价表

序号	评价要点	评价标准	配分（分）	得分（分）
1	劳动观念	能积极、愉快地参加整理收纳	20	
2	劳动能力	能够合理地对书包内物品进行分类，知道物品的作用并巧妙收纳	30	
3	劳动习惯和品质	养成书包使用后及时进行整理归位、爱收拾、会整理的好习惯，并将整理中形成的经验转化为劳动技能	30	
4	劳动精神	遇到困难努力解决，对整理收纳质量要求高，精益求精	20	
		合计		

评分人　　　　　　　　年　　月　　日　　　　核分人

完成整理收纳任务后,你觉得你在哪些方面还有待加强?

_____

_____

_____

任务拓展

学校组织学生开展研学活动,请整理收纳自己的双肩包。

课桌整理与收纳

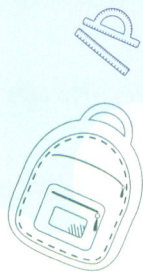

任务描述

任务情景

　　课桌桌面如果堆满各种书籍、文具、杂物等,就会让使用空间变得狭窄。凌乱、拥挤的课桌可能会让大脑逻辑混乱,破坏同学们的专注力。如果同学们一会儿摸摸这儿,一会儿找找那儿,就会降低学习效率。课桌的整理,不仅仅要追求整齐,还要有科学的方法、合理的设置,才能帮助同学们提升学习效率、养成专注于目标的习惯、更好地管理时间。现要求每位同学在 3 个学时内,以小组为单位完成本人的课桌整理工作。

任务要求

　　(1)对象要求:常规教室的课桌。

　　(2)质量要求:依据整理收纳标准的相关规定和个人收纳使用习惯,整理收纳课桌,并编制合理的课桌整理收纳环节,形成统一的课桌整理收纳流程。

　　(3)学时要求:3学时。

　　(4)人员要求:独立完成课桌空间规划、课桌物品分类和整个课桌的整理收纳;以小组合作方式完成互查并作出评价。

　　(5)流程要求:任务实施过程中需对照整理收纳标准的相关规定和个人收纳使用习惯。实施前需规划课桌空间、分类课桌物品,按照实施步骤完成课桌的整理收纳,任务结束后小组成员互相检查,然后清理现场。

(6)交付要求:需提供整理收纳后的课桌展示图片和《课桌整理与收纳规范》。

📋 任务 资料

未经特别整理准备的课桌1张、基本功能规划梳理表1张。

🏅 任务 目标与学时

序号	学习环节	学时	学 习 目 标
1	环节一 认识整理收纳	0.5	① 能举例说明整理收纳在日常生活中的应用 ② 能判定课桌整理常见的误区 ③ 能正确识读课桌整理收纳示范图 ④ 能叙述课桌整理收纳的基本步骤
2	环节二 课桌空间规划	0.5	① 能在教师指导下,独立完成课桌空间的规划 ② 能在教师指导下,独立完成课桌内所有物品的分类和取舍
3	环节三 物品整理收纳	1	① 能根据整理示范图,按照使用习惯和使用时间,对课桌的物品进行灵活分类存放 ② 能在教师指导下,灵活运用桌面文具收纳盒等物品收纳高频次使用的学习用品
4	环节四 现场检验清理	0.5	① 能根据收纳要求,检查并评价自己的整理情况和同学们的整理情况 ② 整理结束后,能根据场地要求完成现场清理 ③ 能主动获取有效信息,展示整理收纳成果,对整理进行反思总结,并能与他人开展良好合作,进行有效的沟通,养成自觉自愿、认真负责、团结协作的劳动品质
5	环节五 整理工作评价	0.5	① 能在教师的指导下,小组合作,并推选代表展示自己整理完成的课桌 ② 能倾听别人对自己作品的点评,并进行总结反思 ③ 能在教师的指导下,开展小组讨论并达成一致,客观、公正填写综合评价表(自评和互评)

学习环节一 认识整理收纳

1. 认识整理收纳服务

举例说明整理收纳在日常生活中的应用;用自己的话说出整理收纳的基本工作要求;查阅并收集学习区的收纳用品清单;判定课桌整理的常见误区。

（1）整理收纳应用:包括学习区整理、生活区整理等。

（2）整理收纳的意义:①培养生活技能,整理收纳的工作涉及空间规划、物品分类等诸多技能,学习整理收纳技巧可以帮助我们养成良好的生活习惯。②增强综合素质,了解整理收纳能够启发我们的规划意识和逻辑思维,在整理的过程中,锻炼思考问题和解决问题的能力。

（3）查阅并收集学习区的收纳用品清单。

（4）课桌整理的常见误区:桌面堆满物品、同类物品分散堆放、桌面使用时空间狭窄等。

2. 熟悉课桌整理收纳流程

扫描二维码,观看课桌整理收纳视频。

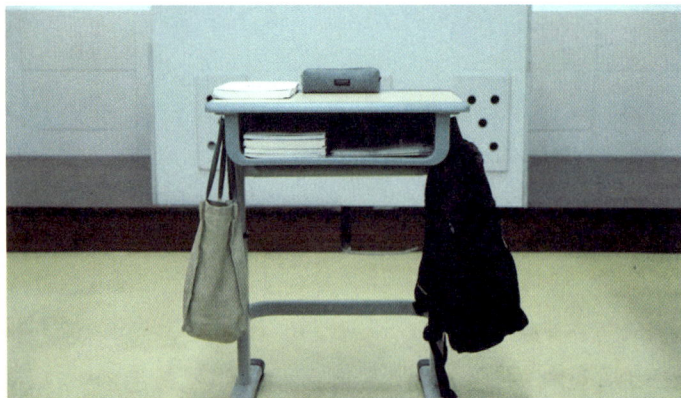

课桌整理
收纳视频

3. 识读课桌整理收纳示范图

陈述课桌整理收纳的基本步骤,如图 2-1 所示。

图 2-1 课桌整理后的展示图

学习环节二　课桌空间规划

1. 清空课桌

把课桌里的所有书本、文具、杂物全部取出。

2. 规划空间

课桌的空间分为桌面书写区、桌下储物区及左右两侧悬挂区，如图 2-2 所示。

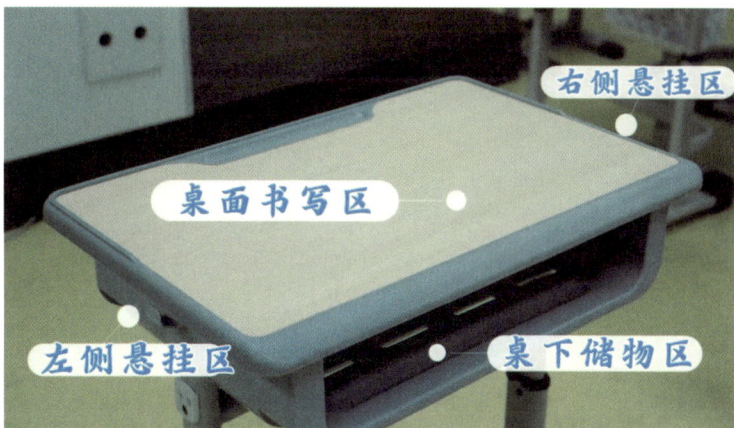

图 2-2　课桌空间分布

学习环节三　物品整理收纳

1. 物品分类

把课桌内所有的物品全部罗列出来，并根据当天课程的需要进行分类摆放。主要物品包括书本、作业本、试卷、笔袋、生活用品等。

把书包内存放的所有物品全部罗列出来，并进行分类摆放。主要物品包括书本、作业本、试卷、文具、生活用品等。

2. 物品取舍

把课桌内的碎纸片、玩具等杂物扔进垃圾桶。

3. 物品收纳

（1）桌面书写区：课桌的左上角摆放当堂课的课本、作业本及试卷；课桌的正前方摆放笔袋，如图2-3所示。

图2-3　桌面书写区

（2）桌下储物区：其他的课本和作业本，按照课表依次放在抽屉的左侧；试卷用文件袋按照学科收纳好，并贴好标签，放在抽屉的右侧，如图2-4所示。

图2-4　桌下储物区

（3）左侧悬挂区：把生活用品放在收纳袋中，悬挂在书桌的左侧悬挂区，如图 2‐5 所示。

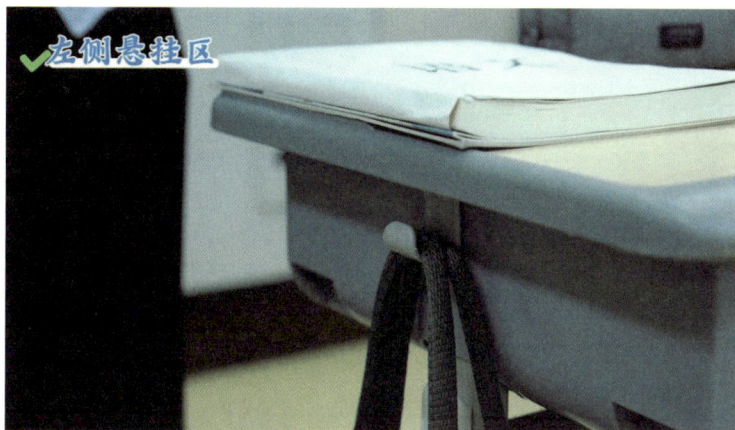

图 2‐5　左侧悬挂区

（4）右侧悬挂区：把书包悬挂在书桌的右侧悬挂区，如图 2‐6 所示。

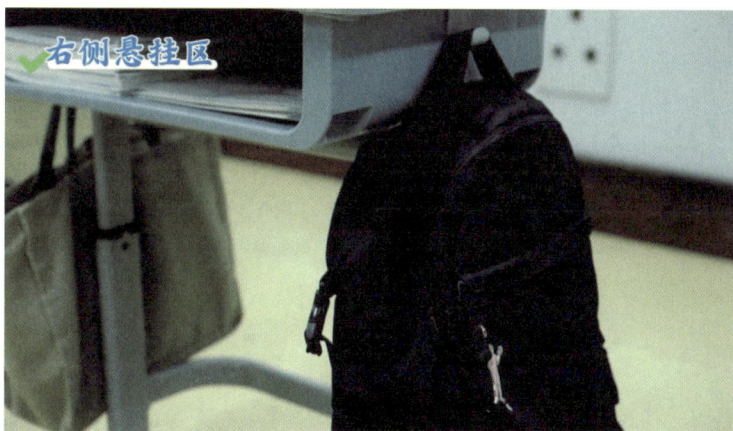

图 2‐6　右侧悬挂区

学习环节四　现场检验清理

1. 组内互查

对照课桌整理收纳示范图，小组相互检查、点评已经整理完成的课桌，并提出改进意见。

2. 清理现场

整理收纳完成后，对现场的桌面、地面等进行清理。

学习环节五　整理工作评价

1. 认知目标考核评价

如表 2-1 所列的评价标准开展考核，按"完全记住（76～100 分）""记住（51～75 分）""一般记住（25～50 分）""未记住（0～25 分）"进行打分。

表 2-1　认知目标考核评价表

序号	评价要点	评价标准	配分（分）	得分（分）
1	整理收纳基本认识	举例说明整理收纳在日常生活中的应用	15	
2	课桌整理误区辨别	判定课桌整理的常见误区	15	
3	课桌整理收纳环节	陈述课桌整理收纳的四个基本环节	40	
4	课桌使用注意事项	陈述课桌使用的注意事项	30	
		合计		

评分人　　　　　　　　年　　月　　日　　　　核分人

2. 现场整理规范评价

对表 2-2 所列的评价标准开展考核，按"非常熟练操作（76～100 分）""熟练操作（51～75 分）""一般熟练操作（26～50 分）""不熟练操作（0～25 分）"进行打分。

表 2-2　现场整理规范评价表

序号	评价要点	评价标准	配分(分)	得分(分)
1	清空课桌	快速清空课桌,把所有书本、文具、杂物全部取出	10	
2	物品取舍	选择、取舍所有物品,课桌内日常用品保持常量,够用就好,课桌桌面保持物品适量	20	
3	物品分类	集中分类所有物品,摆放整齐,物品种类与课桌空间格局一致	30	
4	物品收纳	根据使用频率和使用习惯,有序存放,易取易放	30	
5	现场清理	现场整洁,无杂物,符合场所卫生要求	10	
		合计		

评分人　　　　　　　　　年　　月　　日　　　　核分人

3. 劳动素养观测评价

对表 2-3 所列的观测点开展考核,按"完全达到(76~100 分)""较好达到(51~71 分)""基本达到(26~50 分)""未达到(0~25 分)"进行打分。

表 2-3　劳动素养观测评价表

序号	评价要点	评价标准	配分(分)	得分(分)
1	劳动观念	能积极、愉快地参加整理收纳	20	
2	劳动能力	能够合理地对课桌内物品进行分类,知道物品的作用并巧妙收纳	30	
3	劳动习惯和品质	养成使用课桌时及时进行整理归位、爱收拾、会整理的好习惯,并将整理中形成的经验转化为劳动技能	30	
4	劳动精神	遇到困难努力解决,对整理收纳质量要求高,精益求精	20	
		合计		

评分人　　　　　　　　　年　　月　　日　　　　核分人

完成整理收纳任务后，你觉得你在哪些方面还有待加强？

_____

_____

_____

任务拓展

学校组织学生开展课后劳动实践活动，请整理收纳自己的书桌。

学习任务 三
讲台整理与收纳

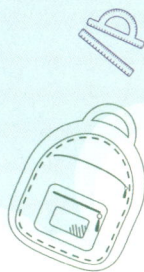

任务描述

任务 情景

讲台是每个老师授课时所必须面对的工作台，讲台的整理与收纳情况关系到老师们的工作效率，更关系到同学们的学习环境和学习效果。讲台是收纳班级公共物品的重要场域，掌握整理收纳讲台的基本方法，可以促进学习环境的改善。现在请同学们在 3 个学时内，以小组合作的形式，完成教室的讲台整理工作。

任务 要求

（1）对象要求：常规教室讲台。

（2）质量要求：依据整理收纳标准的相关规定和个人收纳使用习惯，整理收纳讲台，并编制合理的讲台整理收纳步骤，形成统一的讲台整理收纳标准。

（3）学时要求：3 学时。

（4）人员要求：独立完成讲台空间规划、讲台物品分类和整个讲台的整理收纳；以小组合作方式完成互查并作出评价。

（5）流程要求：任务实施过程中需对照整理收纳标准的相关规定和个人收纳使用习惯。实施前需规划空间、分类物品，按照实施步骤完成讲台的整理收纳，任务结束后小组成员互相检查，然后清理现场等。

（6）交付要求：需提供整理收纳后的讲台展示图片和《讲台整理与收纳规范》。

任务 资料

未经特别整理准备的讲台1张、基本功能规划梳理表1张。

任务 目标与学时

序号	学习环节	学时	学习目标
1	环节一 认识整理收纳	0.5	① 能举例说明整理收纳在日常生活中的应用 ② 能判定讲台整理常见的误区 ③ 能正确识读讲台整理收纳示范图 ④ 能叙述讲台整理收纳的基本步骤
2	环节二 讲台空间规划	0.5	① 能在教师指导下，独立完成讲台空间的规划 ② 能在教师指导下，独立完成讲台内所有物品的分类和取舍
3	环节三 物品整理收纳	1	① 能根据整理示范图，按照使用习惯和使用时间，对讲台的物品进行灵活分类存放 ② 能在教师指导下，灵活运用收纳筐等物品进行收纳，及时清理闲置物品
4	环节四 现场检验清理	0.5	① 能根据收纳要求，检查并评价自己的整理情况和同学们的整理情况 ② 整理结束后，能根据场地要求完成现场清理 ③ 能主动获取有效信息，展示整理收纳成果，对整理进行反思总结，并能与他人开展良好合作，进行有效的沟通，养成自觉自愿、认真负责、团结协作的劳动品质
5	环节五 整理工作评价	0.5	① 能在教师的指导下，小组合作，并推选代表展示自己整理完成的讲台 ② 能倾听别人对自己作品的点评，并进行总结反思 ③ 能在教师的指导下，开展小组讨论并达成一致，客观、公正填写综合评价表（自评和互评）

学习环节一　认识整理收纳

1. 认识整理收纳

举例说明整理收纳在日常生活中的应用,用自己的话说出整理收纳的基本工作要求,查阅并收集学习区的收纳用品清单,判定讲台整理的常见误区。

(1)整理收纳应用:包括学习区整理、生活区整理等。

(2)整理收纳的意义:①培养生活技能。整理收纳的工作涉及空间规划、物品分类等诸多技能,学习整理收纳技巧可以帮助我们养成良好的生活习惯。②增强综合素质。了解整理收纳能够启发我们的规划意识和逻辑思维,在整理的过程中,锻炼思考问题和解决问题的能力。

(3)查阅并收集学习区的收纳用品清单。

(4)讲台整理的常见误区:同类物品分散存放、抽屉内物品无序存放、闲置物品未及时清理等。

讲台整理
收纳视频

2. 熟悉讲台整理收纳流程

扫描二维码,观看讲台整理收纳视频。

3. 识读讲台整理收纳示范图

陈述讲台整理收纳的基本步骤,如图 3-1 所示。

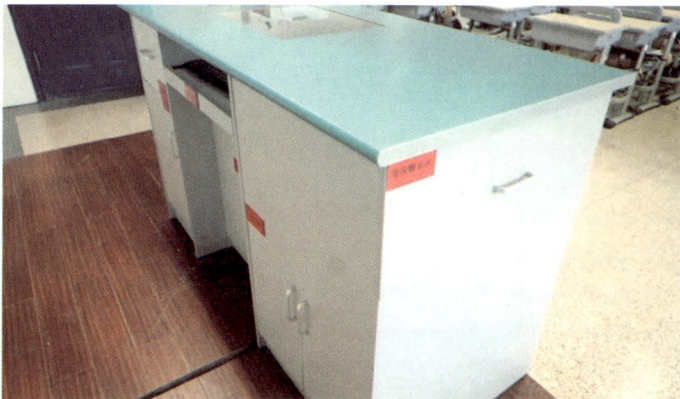

图 3-1　讲台整理后的展示图

讲台空间规划

1. 清空讲台

把讲台里的所有书本、文具、杂物全部取出。

2. 规划空间

讲台的空间分为桌面教学用具区、机动储物区、文创用品区、信息设备区、滞留物品区、室内娱乐区、户外运动区，如图 3-2 所示。

图 3-2　讲台空间分布

学习环节三　物品整理收纳

1. 物品分类

把讲台中存放的物品全部罗列出来，并进行分类摆放。主要物品包括：教学用具（粉笔、黑板刷等）、机动物品（计算器、测温计等）、文创物品（班务记录本、黑板报用具等）、信息设备（键盘、鼠标等）、滞留物品（口罩、文具等）、室内娱乐用品（象棋、围棋等）、户外运动用品（篮球、足球、飞盘等），如图 3-3

所示。

图 3-3　讲台内物品分类

2. 物品取舍

把讲台内的碎纸片、粉笔头等杂物扔进垃圾桶。

3. 物品收纳

（1）桌面教学用具区：常用的教学用具用收纳盒分类收纳好，摆放在讲台的左上角。如图 3-4 所示。

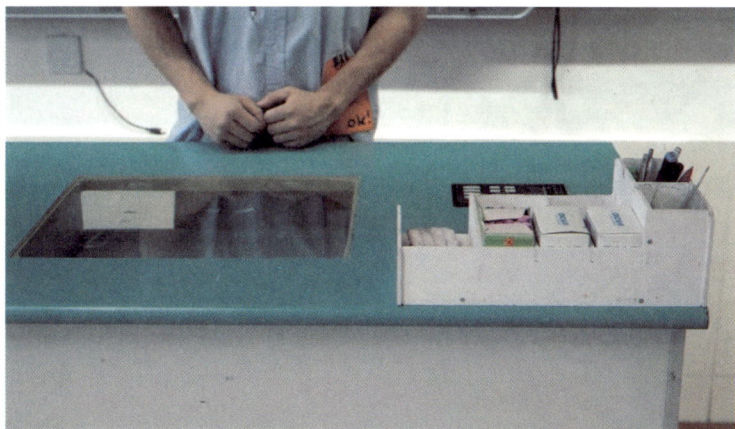

图 3-4　桌面教学用具区

（2）机动储物区：抽屉内物品可以用分隔盒或者分隔板，分类收纳常用的机动物品。如图 3-5 所示。

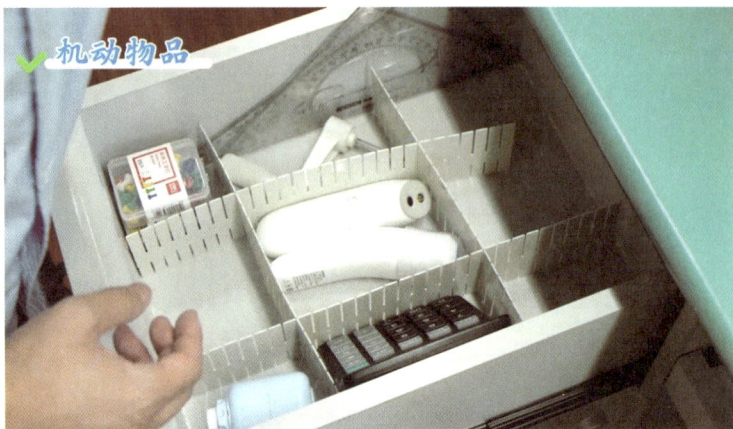

图 3-5　机动储物区

（3）文创用品区：文创物资用收纳盒进行分类收纳，并在收纳盒外贴好标签，方便取用。如图 3-6 所示。

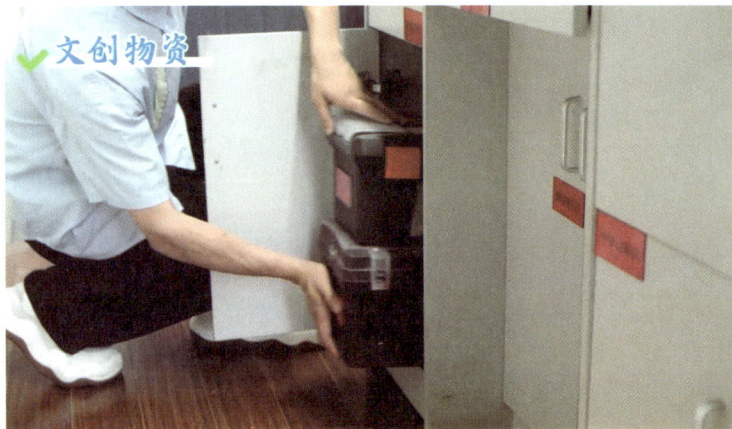

图 3-6　文创用品区

（4）信息设备区：鼠标、键盘等信息设备有序摆放在抽屉中。如图 3-7 所示。

（5）滞留物品区：滞留物品用收纳盒分类摆放在柜子内。如图 3-8 所示。

（6）室内娱乐区：室内娱乐用品按照类别摆放在抽屉内。如图 3-9 所示。

图 3-7 信息设备区

图 3-8 滞留物品区

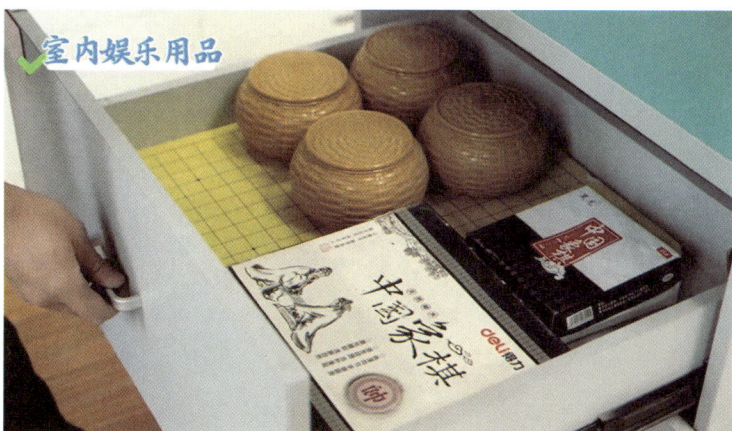

图 3-9 室内娱乐区

（7）户外运动区：户外运动用品放在柜子内，小件物品需要用收纳盒收纳。如图 3‐10 所示。

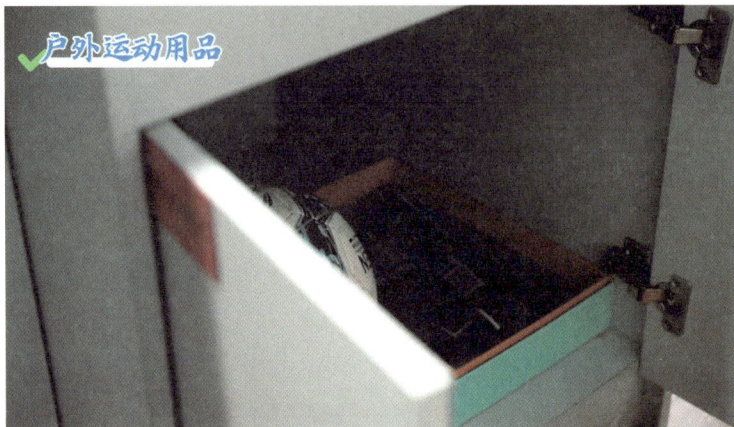

图 3‐10　户外运动区

学习环节四　现场检验清理

1. 组内互查

对照讲台整理收纳示范图，小组相互检查、点评已经整理完成的讲台，并提出改进意见。

2. 清理现场

整理收纳完成后，对现场的桌面、地面等进行清理。

学习环节五　整理工作评价

1. 认知目标考核评价

如表 3‐1 所列的评价标准开展考核，按"完全记住（76～100 分）""记住（51～75 分）""一般记住（26～50 分）""未记住（0～25 分）"进行打分。

表 3-1　认知目标考核评价表

序号	评价要点	评价标准	配分(分)	得分(分)
1	整理收纳基本认识	举例说明整理收纳在日常生活中的应用	15	
2	讲台整理误区辨别	判定讲台整理的常见误区	15	
3	讲台整理收纳环节	陈述讲台整理收纳的四个基本环节	40	
4	讲台使用注意事项	陈述讲台使用的注意事项	30	
		合计		
评分人		年　　月　　日	核分人	

2. 现场整理规范评价

对表 3-2 所列的评价标准开展考核,按"非常熟练操作(76～100 分)""熟练操作(51～75 分)""一般熟练操作(26～50 分)""不熟练操作(0～25 分)"进行打分。

表 3-2　现场整理规范评价

序号	评价要点	评价标准	配分(分)	得分(分)
1	清空讲台	快速清空讲台,把所有书本文具杂物全部取出	10	
2	物品取舍	选择、取舍所有物品,讲台内存放物品、讲台台面放置物品保持适量	20	
3	物品分类	集中分类所有物品,摆放整齐,物品种类与讲台空间格局一致	30	
4	物品收纳	根据使用频率和使用习惯,有序存放,易取易放	30	
5	现场清理	现场整洁,无杂物,符合场所卫生要求	10	
		合计		
评分人		年　　月　　日	核分人	

3. 劳动素养观测评价

对表 3-3 所列的观测点开展考核,按"完全达到(76～100 分)""较好达到(51～75 分)""基本达到(26～50 分)""未达到(0～25 分)"进行打分。

表 3-3　劳动素养观测评价表

序号	评价要点	评价标准	配分（分）	得分（分）
1	劳动观念	能积极、愉快地参加整理收纳	20	
2	劳动能力	能够合理地对讲台内物品进行分类,知道物品的作用并巧妙收纳	30	
3	劳动习惯和品质	养成使用讲台后及时进行整理归位、爱收拾、会整理的好习惯,并将整理中形成的经验转化为劳动技能	30	
4	劳动精神	遇到困难努力解决,对整理收纳质量要求高,精益求精	20	
		合计		

评分人　　　　　　　　　年　月　日　　　　核分人

完成整理收纳任务后,你觉得你在哪些方面还有待加强?

_____

_____

_____

任务拓展

学校安排实验实训课程,请整理收纳实训室的讲台。

学习任务 四
保洁柜整理与收纳

任务描述

任务 情景

良好的教室卫生是舒适学习环境的重要保障。保洁柜的整理与收纳是保持教室卫生中的一个重要组成部分。柜中储藏着各种卫生工具和常用物资,需要同学们每天有序管理,否则容易滋生细菌、降低打扫效率,也会影响教室的整体环境。柜子中收纳的洗擦工件、清扫工件、垃圾收纳工件,需要同学们有序整理,方便每次使用。现在请同学们在 3 个学时内,以小组合作的形式,完成保洁柜整理工作。

任务 要求

(1)对象要求:教室保洁柜。

(2)质量要求:依据整理收纳标准的相关规定和个人收纳使用习惯,整理收纳保洁柜,并编制合理的保洁柜整理收纳步骤,形成统一的保洁柜整理收纳标准。

(3)学时要求:3学时。

(4)人员要求:独立完成保洁柜空间规划、保洁柜物品分类和整个保洁柜的整理收纳;小组合作方式完成互查并作出评价。

(5)流程要求:任务实施过程中需对照整理收纳标准的相关规定和个人

收纳使用习惯。实施前需规划保洁柜空间、分类保洁柜物品,按照实施步骤完成保洁柜的整理收纳,任务结束后小组成员互相检查,然后清理现场等。

(6) 交付要求:需提供整理收纳后的保洁柜展示图片和《保洁柜整理与收纳规范》。

📋 任务 资料

未经特别整理准备的保洁柜 1 个、基本功能规划梳理表 1 张。

🎯 任务 目标与学时

序号	学习环节	学时	学 习 目 标
1	环节一 认识整理收纳	0.5	① 能举例说明整理收纳在日常生活中的应用 ② 能判定保洁柜整理常见的误区 ③ 能正确识读保洁柜整理收纳示范图 ④ 能叙述保洁柜整理收纳的基本步骤
2	环节二 保洁柜空间规划	0.5	① 能在教师指导下,独立完成保洁柜空间的规划 ② 能在教师指导下,独立完成保洁柜内所有物品的分类和取舍
3	环节三 物品整理收纳	1	① 能根据整理示范图,按照使用习惯和使用时间,对保洁柜的物品进行灵活分类存放 ② 能在教师指导下,灵活运用收纳筐等物品,及时清洁卫生用具
4	环节四 现场检验清理	0.5	① 能根据收纳要求,检查并评价自己的整理情况和同学们的整理情况 ② 整理结束后,能根据场地要求完成现场清理 ③ 能主动获取有效信息,展示整理收纳成果,对整理进行反思总结,并能与他人开展良好合作,进行有效的沟通,养成自觉自愿、认真负责、团结协作的劳动品质
5	环节五 整理工作评价	0.5	① 能在教师的指导下,小组合作推选代表,展示自己整理完成的保洁柜 ② 能倾听别人对自己作品的点评,并进行总结反思 ③ 能在教师的指导下,开展小组讨论并达成一致,客观、公正填写综合评价表(自评和互评)

学习环节一　认识整理收纳

1. 认识整理收纳

举例说明整理收纳在日常生活中的应用,用自己的话说出整理收纳的基本工作要求,查阅并收集学习区的收纳用品清单,判定保洁柜整理的常见误区。

(1) 整理收纳应用:包括学习区整理、生活区整理等。

(2) 整理收纳的意义:①培养生活技能。整理收纳的工作涉及空间规划、物品分类等诸多技能,学习整理收纳技巧可以帮助我们养成良好的生活习惯。②增强综合素质。了解整理收纳能够启发我们的规划意识和逻辑思维,在整理的过程中,锻炼思考问题和解决问题的能力。

(3) 查阅并收集学习区的收纳用品清单。

(4) 保洁柜整理的常见误区:卫生用具未及时清洗、柜子内物品无序存放、损坏用具未及时报修等。

2. 熟悉保洁柜整理收纳流程

扫描二维码,观看保洁柜整理收纳视频。

保洁柜整理
收纳视频

3. 识读保洁柜整理收纳示范图

陈述保洁柜整理收纳的基本步骤,如图 4-1 所示。

学习环节二　保洁柜空间规划

1. 清空保洁柜

把保洁柜内的所有卫生用具全部取出。

2. 规划空间

观察保洁柜的总体空间,分为内部空间和外部空间,如图 4-2、图 4-3

图 4-1　保洁柜整理后的展示图

所示。保洁柜的内部空间分为左侧板悬挂陈列区、右侧板悬挂陈列区、背板悬挂陈列区和底板置物区，如图 4-4、图 4-5、图 4-6、图 4-7 所示。

图 4-2　保洁柜外部

图4-3　保洁柜内部

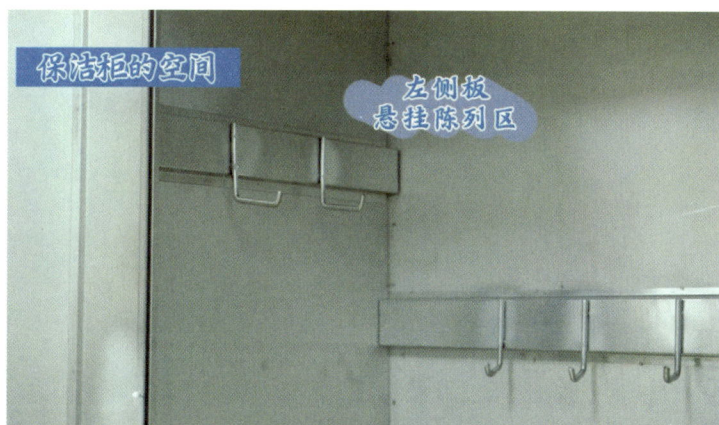

图4-4　左侧板悬挂陈列区

图4-5　右侧板悬挂陈列区

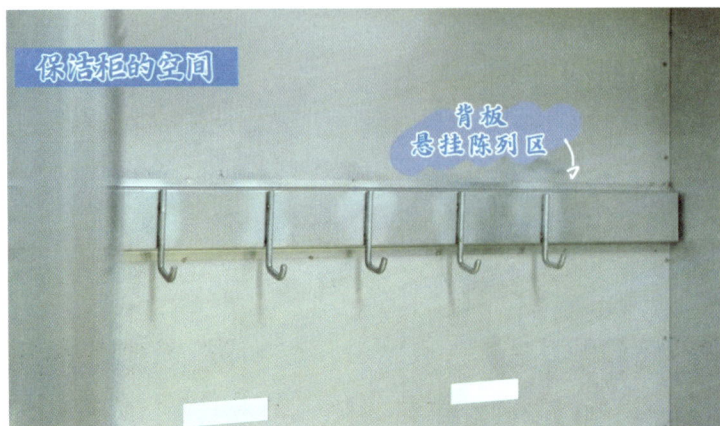

图4-6　背板悬挂陈列区

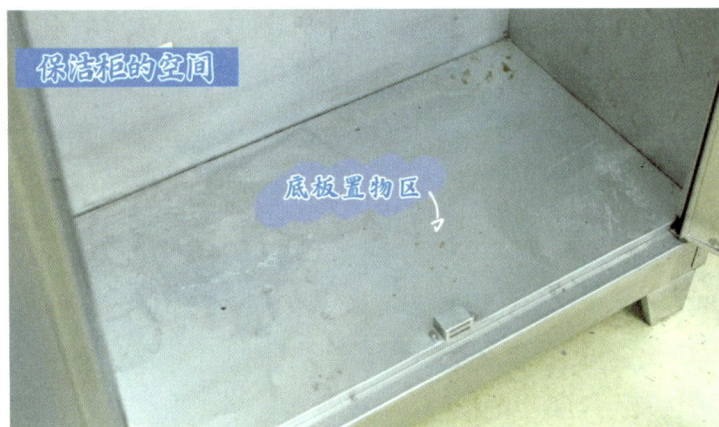

图4-7　底板置物区

学习环节三　物品整理收纳

1. 物品分类

把保洁柜内的物品全部罗列出来，并进行分类摆放。主要物品包括：扫把2把、畚斗1个、垃圾钳1个、垃圾耙1个、垃圾夹1个、拖把2把、抹布4条、水桶1个等，如图4-8所示。

图4-8　保洁柜内卫生工具

2. 物品取舍

根据班级使用工具情况,把多余的工具进行清理。

3. 物品收纳

(1) 左侧板悬挂陈列区:分别悬挂扫把、垃圾钳、垃圾耙、垃圾夹,并贴好标签,如图4-9所示。

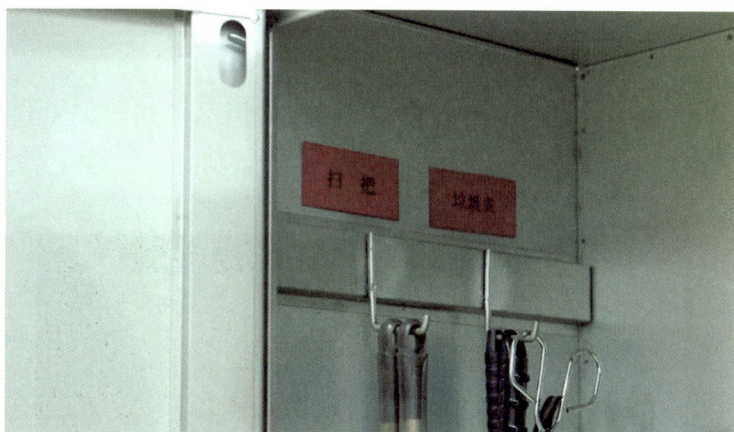

图4-9　左侧板悬挂陈列区

(2) 右侧板悬挂陈列区:有序悬挂拖把,并贴好标签,如图4-10所示。

(3) 背板悬挂陈列区:有序悬挂抹布,并贴好标签,如图4-11所示。

图 4‑10　右侧板悬挂陈列区

图 4‑11　背板悬挂陈列区

（4）底板置物区：有序摆放水桶、畚斗，清洁用品使用收纳盒进行收纳，放在柜子底板，并贴好标签，如图 4‑12 所示。

图 4‑12　底板置物区

学习环节四 现场检验清理

1. 组内互查

对照整理收纳示范图,小组内相互检查、点评已经整理完成的保洁柜,并提出改进意见。

2. 清理现场

整理收纳完成后,对现场的桌面、地面等进行清理。

学习环节五 整理工作评价

1. 认知目标考核评价

如表 4-1 所列的评价标准开展考核,按"完全记住(76~100 分)""记住(51~75 分)""一般记住(26~50 分)""未记住(0~25 分)"进行打分。

表 4-1 认知目标考核评价表

序号	评价要点	评价标准	配分(分)	得分(分)
1	整理收纳基本认识	举例说明整理收纳在日常生活中的应用	15	
2	保洁柜整理误区辨别	判定保洁柜整理的常见误区	15	
3	保洁柜整理收纳环节	陈述保洁柜整理收纳的四个基本环节	40	
4	保洁柜使用注意事项	陈述保洁柜使用的注意事项	30	
		合计		
评分人		年 月 日	核分人	

2. 现场整理规范评价

对表4-2所列的评价标准开展考核，按"非常熟练操作（76～100分）""熟练操作（51～75分）""一般熟练操作（26～50分）""不熟练操作（0～25分）"进行打分。

表4-2　现场整理规范评价表

序号	评价要点	评价标准	配分（分）	得分（分）
1	清空保洁柜	快速清空保洁柜，把所有劳动用具和杂物全部取出	10	
2	物品取舍	选择、取舍所有物品，保洁用品保持清洁，保洁柜保持物品适量	20	
3	物品分类	集中分类所有物品，摆放整齐，物品种类与保洁柜空间格局一致	30	
4	物品收纳	根据使用频率和使用习惯，有序存放，易取易放	30	
5	现场清理	现场整洁，无杂物，符合场所卫生要求	10	
合计				

评分人　　　　　　　　年　　月　　日　　　　核分人

3. 劳动素养观测评价

对表4-3所列的观测点开展考核，按"完全达到（76～100分）""较好达到（51～75分）""基本达到（26～50分）""未达到（0～25分）"进行打分。

表4-3　劳动素养观测评价表

序号	评价要点	评价标准	配分（分）	得分（分）
1	劳动观念	能积极、愉快地参加整理收纳	20	
2	劳动能力	能够合理地对保洁柜内物品进行分类，知道物品的作用并巧妙收纳	30	
3	劳动习惯和品质	养成使用工具后及时进行整理归位、爱收拾、会整理的好习惯，并将整理中形成的经验转化为劳动技能	30	

（续表）

序号	评价要点	评价标准	配分（分）	得分（分）
4	劳动精神	遇到困难努力解决,对整理收纳质量要求高,精益求精	20	
合计				

评分人　　　　　　　　　　　年　　月　　日　　　核分人

完成整理收纳任务后,你觉得你在哪些方面还有待加强?

_____

_____

_____

任务拓展

学校组织劳动实践周活动,请整理收纳教学区盥洗室的保洁柜。

学习任务 五

教室美化与设计

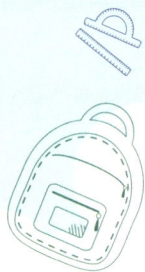

任务描述

任务 情景

　　一个良好的教室环境布置能为学生带来无限的可能性。老师与学生共同努力使班级的每一堵墙壁、每一个角落都会"说话"，让普通的教室在育人路上发挥着"润物无声"的功能。依据所在班级建设目标和整理收纳标准的相关规定，请同学们在9个学时内，以小组合作的形式，完成教室的美化设计方案。

任务 要求

　　（1）对象要求：班级教室。

　　（2）质量要求：根据教室设计要求和年级特点，结合专业特色，对教室进行美化和设计。

　　（3）学时要求：9学时。

　　（4）人员要求：独立完成教室美化设计构思，小组合作方式完成美化设计互查并作出评价。

　　（5）流程要求：任务实施过程中需结合班级建设目标和教室实际空间，根据学生特点，设定设计主题版块，如图书区、成果展示区、团员角、公告区等；编制详细的美化设计方案，包括环境布置、文化宣传等。

（6）交付要求：需提供完整的《教室功能区设计方案》。

任务 资料

教室1间、测量尺寸工具、《教室功能规划梳理表》1张。

任务 目标与学时

序号	学习环节	学时	学 习 目 标
1	环节一 认识美化设计	1	① 能陈述教室美化设计的基本原则和技能要求 ② 能叙述教室美化设计的基本步骤
2	环节二 教室空间规划	1	① 能在教师指导下，陈述教室美化设计构想 ② 能在教师指导下，规划美化区域并测量尺寸 ③ 能在教师指导下，陈述教室美化风格和主色调
3	环节三 教室美化设计	6	① 能陈述标语区、公告区、图书区、团员角、成果展示区、文化墙等六大功能区美化设计的要求 ② 能叙述标语区、公告区、图书区、团员角、成果展示区、文化墙等六大功能区美化设计的基本步骤 ③ 能绘制标语区、公告区、图书区、团员角、成果展示区、文化墙等六大功能区美化设计图纸
4	环节四 现场检验清理	0.5	① 能根据美化设计要求，检查并评价自己的设计方案和同学们的美化设计方案 ② 设计结束后，能根据场地要求完成现场清理 ③ 能主动获取有效信息，展示设计成果，对设计进行反思总结，并能与他人开展良好合作，进行有效的沟通，养成自觉自愿、认真负责、团结协作的劳动品质
5	环节五 设计工作评价	0.5	① 能在教师的指导下，小组合作，并推选代表展示自己美化设计方案 ② 能倾听别人对自己作品的点评，并进行总结反思 ③ 能在教师的指导下，开展小组讨论并达成一致，客观、公正填写综合评价表（自评和互评）

 学习环节一 认识美化设计

1. 认识美化设计

陈述整理教室美化设计的基本要求和步骤。

（1）教室美化基础：教室美化要做到保持教室的整洁，即桌子、凳子排放整齐；教室地面保持清洁；教室墙面洁白、无霉斑、积尘。

（2）教室空间规划：根据教室空间大小和班级建设需求，确定标语区、公告区、图书区、团员角、成果展示区、文化墙等六大功能区，测量、计算每个功能区的大小，确定每个功能区的位置。

（3）空间美化布置：根据专业特色和学生年龄特点选择每个功能区的格调，注意整体布局，点、线、面结合和色调的协调搭配。

2. 熟悉美化设计流程

扫描二维码，观看教室美化设计视频。

教室美化设计视频

3. 识读教室美化设计示范图

陈述教室美化设计的基本步骤，如图 5-1 所示。

图 5-1 教室美化设计展示图

学习环节二　教室空间规划

1. 美化区域选择

在教师的指导下,小组合作,共同研讨,确定教室中可以美化布置的区域,并说明理由。

2. 区域尺寸测量

使用测量工具对需要美化的区域进行测量并记录尺寸,填写教室空间规划样例,如表5-1所示。

表5-1　教室空间规划样例表

空间规划区	规划区域位置	规划区域尺寸	选择理由说明
标语区	教室正面黑板上方	50 cm×200 cm	教室中黑板正前方是学生视线的焦点,设置标语区不仅能有效利用教学核心区域的空间,还能通过持续展示激励和教育信息,对学生产生积极的影响
公告区	教室正面黑板右侧	90 cm×110 cm	教室公告区的设置可以提高信息的可见性和可访问性,同时保持教室的秩序和功能性
图书区	教室正面黑板左侧	200 cm×110 cm	教室图书区的设置可以提高空间利用的有效性,同时鼓励教师在教学中更多地利用图书资源,促进学生的阅读
团员角	教室后面黑板右侧	120 cm×120 cm	教室团员角的设置符合学校对教室内部文化建设和管理的规范化要求,发挥了其在视觉引导、空间利用、交流互动等作用
成果展示区	教室后面黑板左侧	120 cm×120 cm	成果展示区的设置不仅考虑了实用性和功能性,还兼顾了教育意义和环境布局,使得教室内部功能更加明确

（续表）

空间规划区	规划区域位置	规划区域尺寸	选择理由说明
文化墙	教室侧面墙壁	200 cm×200 cm	文化墙的设置不仅提升了教室空间的利用效率，还增强了教育功能，为学生提供了一个学习和成长的良好环境

学习环节三 教室美化设计

1. 标语区美化设计

教室标语区的美化设计是校园文化建设的重要组成部分，它不仅能够美化教学环境，还能激发学生的学习热情、传递正能量，培养学生积极的生活态度和价值观。标语区的内容可选择励志格言、名人名言、道德箴言、环保口号、校训校风等。在设计教室标语区时，应简洁大方、色彩协调、易于阅读，确保信息的清晰传达，有效地发挥其在教育教学中的积极作用，如图 5-2 所示。

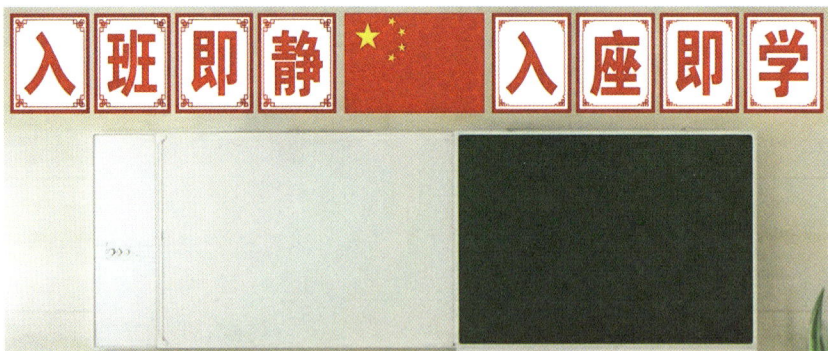

图 5-2 标语区美化设计展示图

2. 公告区美化设计

在教室中设置公告区是为了让老师和学生能够方便地发布通知、公告和信息,以便于大家及时了解班级或学校的相关信息。公告区可以发布课程表、校历、作息表、班干部职位表、考试安排、学校各类通知和活动安排等内容,如图5-3所示。

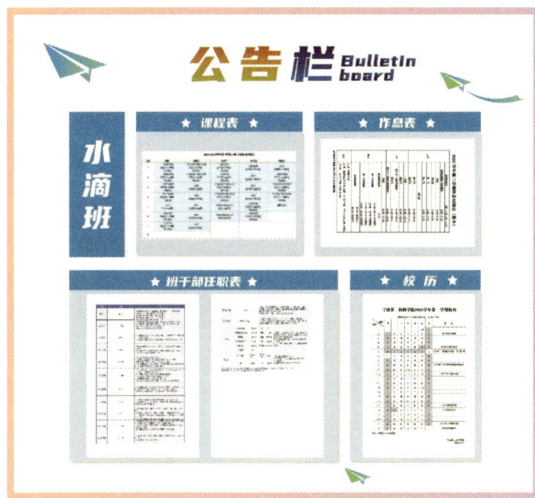

图5-3　公告区美化设计展示图

3. 图书区美化设计

图书区的意义在于营造舒适、吸引人的学习环境,激发学生的学习热情,促进学生主动探索与学习。通过展示书籍和资料,能帮助学生拓展知识面。教室图书区不仅能够成为学生获取知识和技能的重要场所,还能够成为学生放松心情、享受阅读乐趣的温馨角落。图书区的美化设计包括空间布局、书架设计、规则提示等方面进行规划,图书区的内容可以发布借阅制度、借阅约定、好书推荐和阅读感悟等内容,如图5-4所示。

4. 团员角美化设计

团员角对于加强团组织的凝聚力、培养学生的团员意识和社会责任感具有重要意义。团员角可以及时展示团组织的信息、活动预告、成果展示等,为团员提供一个信息交流的平台。通过展示团员的先进事迹、优秀作品等,激励团员积极参与团组织活动,展现团员风采;通过宣传志愿服务、公益活动等,引导学生团员积极参与社会实践,培养他们的社会责任感。团员角的美

图 5-4　图书区美化设计展示图

化设计包括团徽展示、党团知识、团员活动、团员风采、信息发布、互动交流、规章制度等内容，并根据学校与班级的教育安排进行定期更新，如图 5-5所示。

图 5-5　团员角美化设计展示图

5. 成果展示区美化设计

成果展示区是展示班级荣誉、学生各方面才华和成果的重要阵地,通过精心设计和布置,不仅能够激发学生的集体荣誉感和归属感,还能激发学生的自信心和成就感。美化设计过程中,能够激发学生的积极性和创造力,培养他们的动手能力和团队协作能力;美观、整洁的成果展示区,能够为学生营造一个积极向上的学习环境,提升学习效率。成果展示区的美化设计内容包括班级荣誉、优秀作品、优秀事迹、学习成果、学生个人荣誉等,并可以进行定期更新,如图5-6所示。

图5-6 成果展示区美化设计展示图

6. 文化墙美化设计

教室文化墙对于提升学生的学习氛围、增强班级凝聚力和展示班级文化具有重要意义。文化墙可以展示班级的独特文化和风格,设计和更新的过程可以激发学生的创造力和参与意识,制作和维护也需要学生之间的交流与合作。对文化墙的美化设计有助于培养学生的团队协作能力,能够提升整个教学环境的美观度,创造愉悦的学习空间。文化墙的布置可以融入学校的办学理念、历史文化和精神风貌,有助于传承和弘扬学校文化。文化墙的美化设计内容包括班级标志、班级口号、学习榜样、励志名言、主题活动等,如图5-7所示。

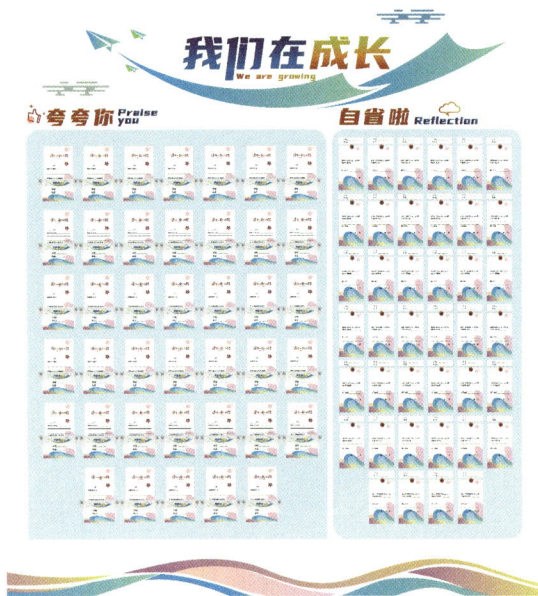

图 5-7　文化墙美化设计展示图

学习环节四　现场检验清理

1. 组内互查

对照教室美化设计示范图，小组内相互检查、点评已经完成的美化设计方案，并提出改进意见。

2. 清理现场

美化设计完成后，对现场的桌面、地面等进行清理。

学习环节五　设计工作评价

1. 认知目标考核评价

如表 5-2 所列的评价标准开展考核，按"完全记住（76～100 分）""记住

(51～75 分)""一般记住(26～50 分)""未记住(0～25 分)"进行打分。

表 5-2 认知目标考核评价表

序号	评价要点	评价标准	配分(分)	得分(分)
1	美化设计认识	陈述教室美化设计目的和规划方法	15	
2	美化设计基础	陈述教室美化设计的基础	15	
3	美化设计环节	陈述教室美化设计的环节	40	
4	教室美化设计注意事项	陈述教室美化设计的注意事项	30	
		合计		
评分人		年　月　日	核分人	

2. 美化设计评价

对表 5-3 所列的评价标准开展考核,按"完美呈现(76～100 分)""呈现(51～75 分)""一般呈现(26～50 分)""不能呈现(0～25 分)"进行打分。

表 5-3 美化设计评价表

序号	评价要点	评价标准	配分(分)	得分(分)
1	区域设计构思	设计新颖,有创意,布置美观、精致,内容具有时效性	30	
2	设计美化效果	整体布置富有温馨感、艺术感、和谐感,积极向上、富有特色与活力	30	
3	设计创意特色	教室美化设计整体布置能体现班级风格,自主设置具有班级特色	30	
4	现场清理	现场整洁,无杂物,符合场所卫生要求	10	
		合计		
评分人		年　月　日	核分人	

3. 劳动素养观测评价

对表 5-4 所列的观测点开展考核,按"完全达到(76～100 分)""较好达到(51～75 分)""基本达到(26～50 分)""未达到(0～25 分)"进行打分。

表5-4 劳动素养观测评价表

序号	评价要点	评价标准	配分（分）	得分（分）
1	劳动观念	能积极、愉快地参加教室美化设计	20	
2	劳动能力	能够合理地对教室美化设计进行教室规划等工作	30	
3	劳动习惯和品质	养成使用工具后及时进行整理归位、爱收拾、会整理的好习惯，并将整理中形成的经验转化为劳动技能	30	
4	劳动精神	遇到困难努力解决，对整理收纳质量要求高，精益求精	20	
合计				

评分人　　　　　　　　　年　　月　　日　　　　核分人

完成整理收纳任务后，你觉得你在哪些方面还有待加强？

_____

_____

_____

任务拓展

学校组织教室文化节活动，请以小组为单位美化设计所在的教室。

宿舍区

床铺整理与收纳

任务描述

任务 情景

中学学生的寝室通常是六人间或八人间,空间配置相对简单。由于学生自理能力有限,经常导致衣物、书籍和各种用品散乱无序。再加上每个人的生活习惯不同,床铺及个人物品的整理与收纳常常成为争议的焦点。为了提高同学们的生活质量并创造一个更舒适、有序的居住环境,学校决定要求同学们重新规划和设计寝室床铺区域。现在请同学们在 3 个学时内,以小组合作的形式,完成床铺整理工作。

任务 要求

(1)对象要求:寝室床铺。

(2)质量要求:依据整理收纳标准的相关规定和个人收纳使用习惯,整理收纳床铺,并编制合理的床铺整理收纳步骤,形成统一的床铺整理收纳标准。

(3)学时要求:3 学时。

(4)人员要求:独立完成床铺空间规划、床铺物品分类和整个床铺的整理收纳,小组合作方式完成互查并作出评价。

(5)流程要求:任务实施过程中需对照整理收纳职业标准的相关规定和个人收纳使用习惯。实施前需规划床铺空间、分类床铺物品,按照实施步骤完成床铺的整理收纳,任务结束后小组成员互相检查,然后清理现场等。

(6)交付要求:需提供整理收纳后的床铺展示图片和《床铺整理与收纳规范》。

任务资料

未经特别整理的寝室床铺1张、基本功能规划梳理表1张。

任务目标与学时

序号	学习环节	学时	学 习 目 标
1	环节一 认识整理收纳	0.5	① 能举例说明整理收纳在日常生活中的应用 ② 能判定床铺整理常见的误区 ③ 能正确识读床铺整理收纳示范图 ④ 能叙述床铺整理收纳的基本步骤
2	环节二 床铺空间规划	0.5	① 能在教师指导下,独立完成床铺空间的规划 ② 能在教师指导下,独立完成床铺内所有物品的分类和取舍
3	环节三 物品整理收纳	1	① 能根据整理示范图,按照使用习惯和使用时间,对床铺的物品进行灵活分类存放 ② 能在教师指导下,熟练操作被子的折叠、床单的平整等 ③ 能根据使用情况及时清洁床上用品
4	环节四 现场检验清理	0.5	① 能根据收纳要求,检查并评价自己整理情况和其他同学整理情况 ② 整理结束后,能根据场地要求完成现场清理 ③ 能主动获取有效信息,展示整理收纳成果,对整理进行反思总结,并能与他人开展良好合作,进行有效的沟通,养成自觉自愿、认真负责、团结协作的劳动品质
5	环节五 整理工作评价	0.5	① 能在教师的指导下,小组合作推选代表,展示自己整理完成的床铺 ② 能倾听别人对自己作品的点评,并进行总结反思 ③ 能在教师的指导下,开展小组讨论并达成一致,客观、公正填写综合评价表(自评和互评)

学习环节一 认识整理收纳

1. 认识整理收纳

举例说明整理收纳在日常生活中的应用；用自己的话说出整理收纳的基本要求；查阅并收集生活区的收纳用品清单；判定寝室床铺整理的常见误区。

（1）整理收纳应用：包括学习区整理、生活区整理。

（2）整理收纳的意义：①培养生活技能。整理收纳的工作涉及空间规划、物品分类等诸多技能，学习整理收纳技巧可以帮助我们养成良好的生活习惯。②增强综合素质。了解整理收纳能够启发我们的规划意识和逻辑思维，在整理的过程中，锻炼思考问题和解决问题的能力。

（3）查阅并收集生活区的收纳用品清单。包括寝室床铺整理、柜子整理、鞋子整理、洗漱台整理、卫生间整理等。

（4）床铺整理的常见误区：床上物品堆放过多、床单等床上用品未及时更换、忽视寝室卫生和通风等。

2. 熟悉床铺整理收纳流程

扫描二维码，观看床铺整理收纳视频。

3. 识读床铺整理收纳示范图

陈述床铺整理收纳的基本步骤，如图6-1所示。

床铺整理
收纳视频

学习环节二 床铺空间规划

1. 清空床铺

把床铺上所有的物品和杂物取出。

图 6-1 床铺整理后的展示图

2. 规划空间

床铺的空间分为床头、床身和床尾，如图 6-2、图 6-3 所示。

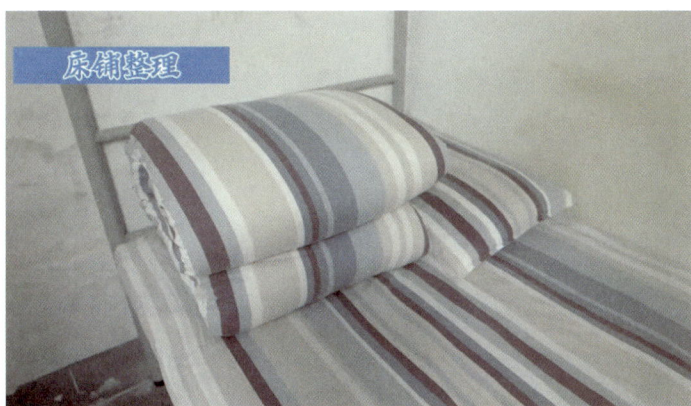

图 6-2 整理后的床头

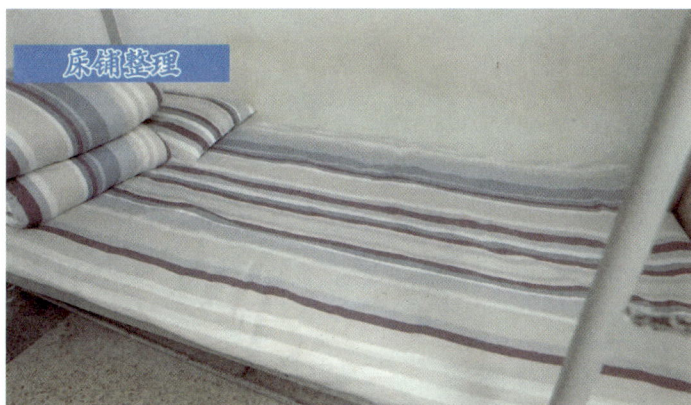

图 6-3 整理后的床身和床尾

学习环节三 物品整理收纳

1. 物品分类

把床铺上所有摆放的物品全部罗列出来，并进行分类摆放。主要物品包括被子、床单、枕头等。

2. 物品取舍

把被子、枕头、床单以外的其他物品进行清理。

3. 床铺整理

（1）整理床单：床单应保证覆盖床铺，超出床沿部分应该折进床铺内，并整理平整，如图 6-4、图 6-5 所示。

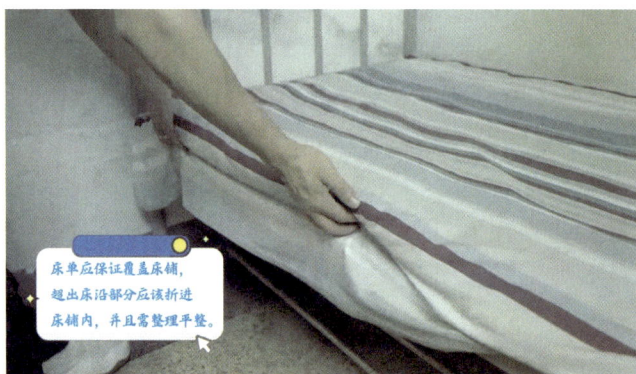

图 6-4　折叠床单

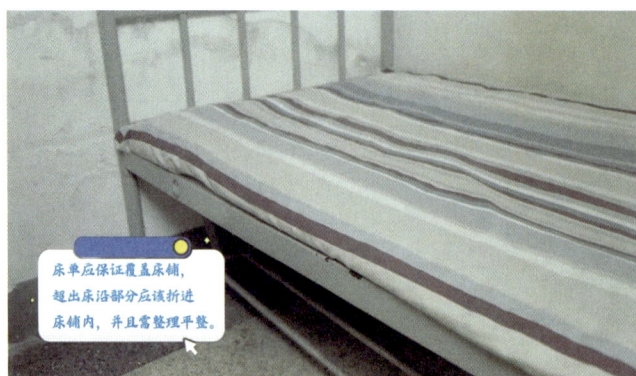

图 6-5　捋平床单

（2）平整被子：将被子铺平，褶皱捋平，如图6-6所示。

图6-6　平整被子

（3）横向三折：捋平捋展，将被子三分之一向内对折，掏进被子内，并整理边角，如图6-7、图6-8所示。

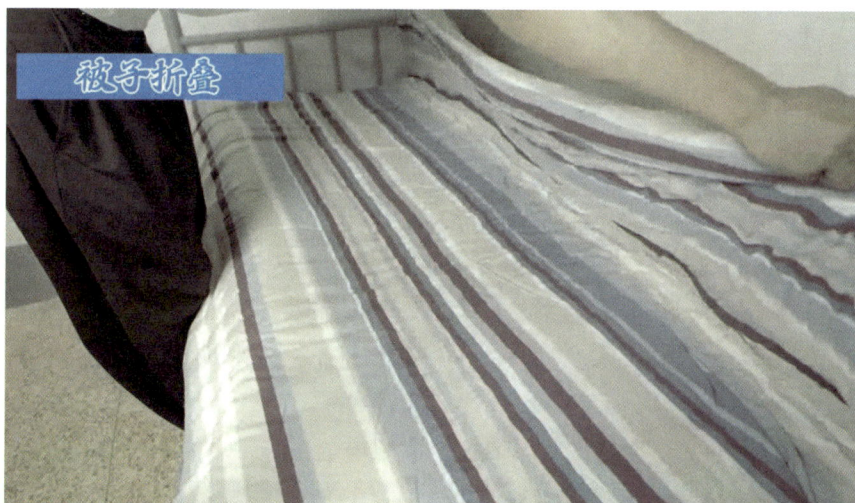

图6-7　横向三折

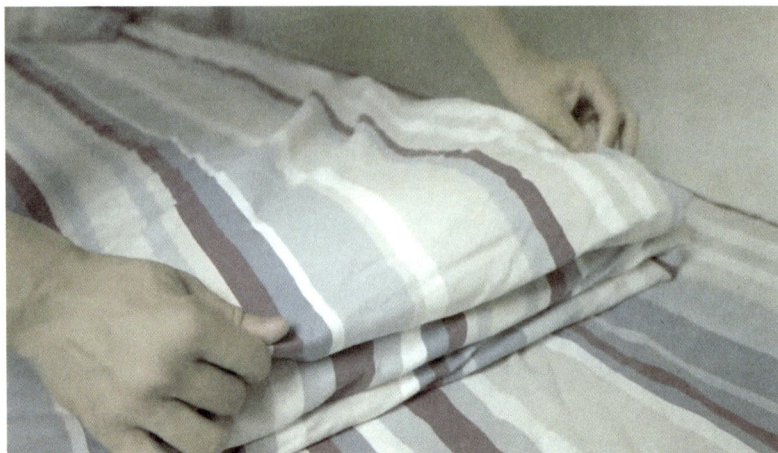

图 6-8　整理边角

（4）量距对折：将被子的一边沿着中心线向另一边折叠，将另一边也沿着中心线向这一边折叠，使两边折叠的长度相等，如图 6-9 所示。

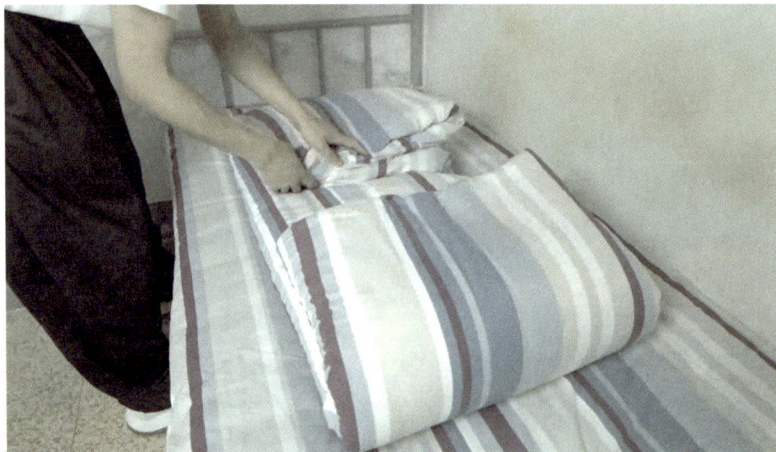

图 6-9　量距对折

（5）确定中心线：中心线的宽度确定为两个手掌的宽度，并将被子快速叠起，如图 6-10、图 6-11 所示。

（6）修饰被子：在边缘处细心修正，使其塑型部沿线顶实，如图 6-12 所示。

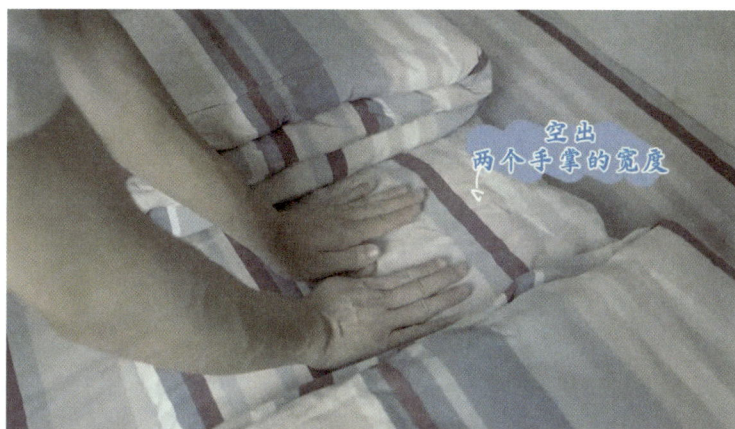

空出
两个手掌的宽度

图 6-10　确定中心线

图 6-11　快速叠起

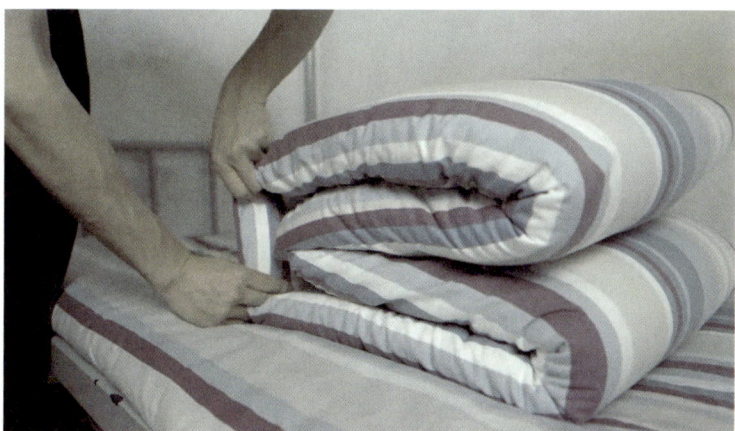

图 6-12　修饰被子

（7）摆放被子：将折叠好的被子，居中放置在床铺的左侧，双边朝外，如图 6-13 所示。

图 6-13　摆放被子

（8）摆放枕头：枕头整理平整后，放置在被子的上方，如图 6-14 所示。

图 6-14　摆放枕头

学习环节四　现场检验清理

1. 组内互查

对照床铺整理收纳示范图，小组内相互检查、点评已经整理完成的床铺，并提出改进意见。

2. 清理现场

整理收纳完成后,对现场的床铺、地面等进行清理。

学习环节五　整理工作评价

1. 认知目标考核评价

如表 6-1 所列的评价标准开展考核,按"完全记住(76~100 分)""记住(51~75 分)""一般记住(26~50 分)""未记住(0~25 分)"进行打分。

表 6-1　认知目标评价表

序号	评价要点	评价标准	配分(分)	得分(分)
1	整理收纳基本认识	举例说明整理收纳在日常生活中的应用	15	
2	床铺整理误区辨别	判定床铺整理的常见误区	15	
3	床铺整理收纳流程	陈述床铺整理收纳的四个基本环节	40	
4	床铺使用注意事项	陈述床铺使用的注意事项	30	
合计				

评分人　　　　　　　年　月　日　　　　核分人

2. 现场整理规范评价

对表 6-2 所列的评价标准开展考核,按"非常熟练操作(76~100 分)""熟练操作(51~75 分)""一般熟练操作(26~50 分)""不熟练操作(0~25 分)"进行打分。

表 6-2　现场整理规范评价表

序号	评价要点	评价标准	配分（分）	得分（分）
1	清空床铺	快速清空床铺，把衣物、零食等杂物全部取出	10	
2	物品取舍	选择、取舍所有物品，床铺保持物品适量	20	
3	被子折叠	被子外观表面平整，折缝整齐比例适中，被子内部背面平整	30	
4	床铺整理	床单平整，床上用品摆放整齐，物品种类与床铺空间格局一致	30	
5	现场清理	现场整洁，无杂物，符合场所卫生要求	10	
		合计		

评分人　　　　　　　　　年　　月　　日　　　　核分人

3. 劳动素养观测评价

对表 6-3 所列的观测点开展考核，按"完全达到（76～100 分）""较好达到（51～75 分）""基本达到（26～50 分）""未达到（0～25 分）"进行打分。

表 6-3　劳动素养观测评价表

序号	评价要点	评价标准	配分（分）	得分（分）
1	劳动观念	能积极、愉快地参加整理收纳	20	
2	劳动能力	能够合理地对床铺内物品进行分类，知道物品的作用并巧妙收纳	30	
3	劳动习惯和品质	养成起床后及时进行整理归位、爱收拾、会整理的好习惯，并将整理中形成的经验转化为劳动技能	30	
4	劳动精神	遇到困难努力解决，对整理收纳质量要求高，精益求精	20	
		合计		

评分人　　　　　　　　　年　　月　　日　　　　核分人

完成整理收纳任务后,你觉得你在哪些方面还有待加强?

_____

_____

_____

任务拓展

学校组织学生到研学基地开展研学活动,请整理自己在基地寝室的床铺。

柜子整理与收纳

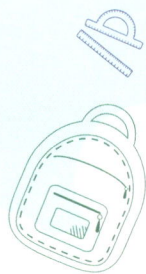

任务描述

任务 情景

为培养学生养成良好的生活习惯,形成热爱生活、热爱劳动的优良风尚,创建温馨舒适、整洁干净的宿舍环境,营造文明优雅、向上向善的宿舍文化。学校从宿舍整理收纳的难点、痛点入手,传授宿舍空间整理收纳步骤、衣物折叠方式及收纳工具使用技巧等。现在要求同学们在 3 个学时以内,以小组合作的形式,完成寝室柜子的整理工作。

任务 要求

(1)对象要求:寝室柜子。

(2)质量要求:依据整理标准的相关规定和个人收纳使用习惯,整理收纳柜子,并编制合理的柜子整理收纳步骤,形成统一的柜子整理收纳标准。

(3)学时要求:3 学时。

(4)人员要求:独立完成柜子空间规划、柜子物品分类和整个柜子的整理收纳,小组合作方式完成互查并作出评价。

(5)流程要求:任务实施过程中需对照整理收纳的相关规定和个人收纳使用习惯。实施前需规划柜子空间、分类柜子物品,按照实施步骤完成柜子的整理收纳,任务结束后小组成员互相检查,然后清理现场等。

（6）交付要求：需提供整理收纳后的柜子展示图片和《柜子整理与收纳规范》。

任务资料

未经特别整理的寝室柜子1个、基本功能规划梳理表1张。

任务目标与学时

序号	学习环节	学时	学习目标
1	环节一 认识整理收纳	0.5	① 能举例说明整理收纳在日常生活中的应用 ② 能判定寝室柜子整理常见的误区 ③ 能正确识读柜子整理收纳示范图 ④ 能叙述柜子整理收纳的基本步骤
2	环节二 柜子空间规划	0.5	① 能在教师指导下，独立完成柜子空间的规划 ② 能在教师指导下，独立完成柜子内所有物品的分类和取舍
3	环节三 物品整理收纳	1	① 能根据整理示范图，按照使用习惯和使用时间，对柜子的物品进行灵活的分类存放 ② 能在教师指导下，熟练操作上衣、裤子的悬挂 ③ 能灵活运用百纳箱、收纳筐等分装小物品
4	环节四 现场检验清理	0.5	① 能根据收纳要求，检查并评价自己的整理情况和同学们的整理情况 ② 整理结束后，能根据场地要求完成现场清理 ③ 能主动获取有效信息，展示整理收纳成果，对整理进行反思总结，并能与他人开展良好合作，进行有效的沟通，养成自觉自愿、认真负责、团结协作的劳动品质
5	环节五 整理工作评价	0.5	① 能在教师的指导下，小组合作，并推选代表展示自己整理完成的柜子 ② 能倾听别人对自己作品的点评，并进行总结反思 ③ 能在教师的指导下，开展小组讨论并达成一致，客观、公正填写综合评价表（自评和互评）

学习环节一　认识整理收纳

1. 认识整理收纳

举例说明整理收纳在日常生活中的应用,用自己的话说出整理收纳的基本要求,查阅并收集生活区的收纳用品清单,判定寝室柜子整理的常见误区。

（1）整理收纳应用:包括学习区整理、生活区整理等。

（2）整理收纳的意义:①培养生活技能。整理收纳的工作涉及空间规划、物品分类等诸多技能,学习整理收纳技巧可以帮助我们养成良好的生活习惯。②增强综合素质。了解整理收纳能够启发我们的规划意识和逻辑思维,在整理的过程中,锻炼思考问题和解决问题的能力。

（3）查阅并收集生活区的收纳用品清单。

（4）柜子整理的常见误区:柜内物品堆放过多、同类物品分散存放、季节性物品未及时更换等。

2. 熟悉柜子整理收纳流程

扫描二维码,观看柜子整理收纳视频。

3. 识读柜子整理收纳示范图

陈述柜子整理收纳的基本步骤,如图7-1所示。

柜子整理
收纳视频

学习环节二　柜子空间规划

1. 清空柜子

把柜子里所有的衣物、学习用品和杂物取出。

2. 规划空间

柜子的空间分为上方储物区、衣物悬挂区及下方储物区,如图7-2、图7-3、图7-4所示。

图 7-1　柜子整理后的展示图

图 7-2　上方储物区

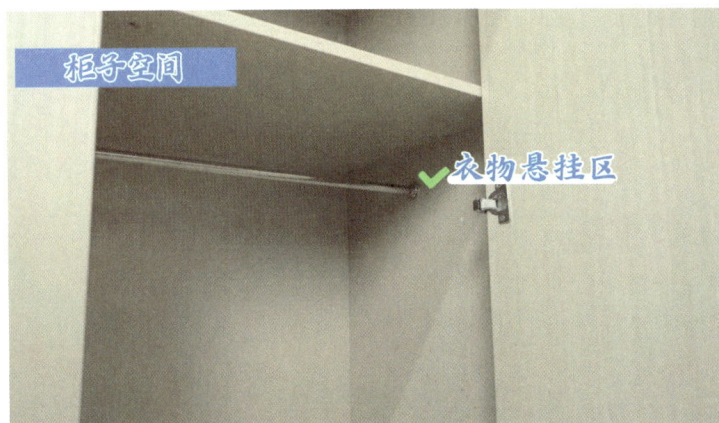

图 7-3　衣物悬挂区

图 7-4　下方储物区

学习环节三　物品整理收纳

1. 物品分类

把柜子内所有存放的物品罗列出来,并进行分类摆放。主要物品包括:双肩包、书本、袜子、校服、纸巾、保湿乳、零食等。

2. 物品取舍

寝室的柜子空间有限,需要及时调整物品的数量,可以将换季衣物,或者短期内不使用的物品带回家里存放。

3. 物品收纳

(1)上方储物区:书本根据使用频率分类摆放在柜子上方储物区,如图7-5所示;常用的生活用品用收纳筐进行分类收纳,如图7-6所示。

图7-5　摆放书本

图 7-6　分类收纳

（2）衣物悬挂区：衣物悬挂应使用统一的衣架，将当季要使用的衣物悬挂起来，方便取用。悬挂上衣时，将衣架从衣领的下方穿过，挂好后将上衣的肩线对准衣架，防止上衣鼓包，如图 7-7 所示。悬挂裤子时，将裤子平铺后对折，如图 7-8 所示。然后将衣架穿过裤腿，移动到对折线即可。将挂好的裤子悬挂在衣杆上，如图 7-9 所示。配套的校服可以用同一个衣架，将裤子挂在里面，上衣挂在外面，如图 7-10 所示。衣物悬挂区整体效果图如图 7-11 所示。

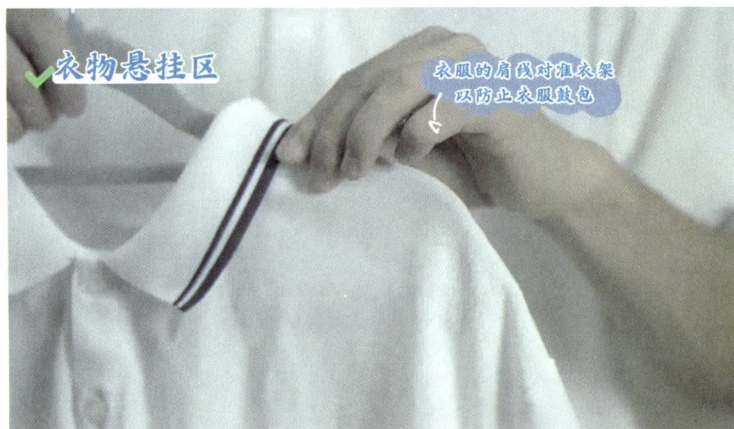

图 7-7　悬挂上衣

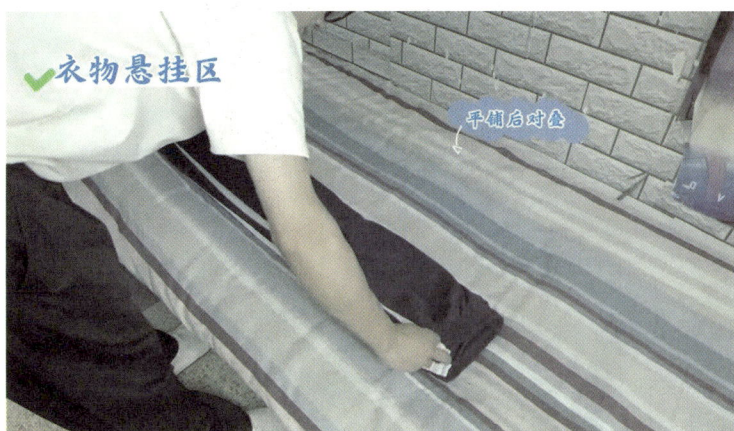

图 7-8　折叠裤子

图 7-9　悬挂裤子

图 7-10　悬挂外套

图 7-11　衣物悬挂区

（3）下方储物区：小件衣物可以用分隔盒进行分类折叠后放在收纳筐内，收纳筐放于下方储物区，如图 7-12 所示。

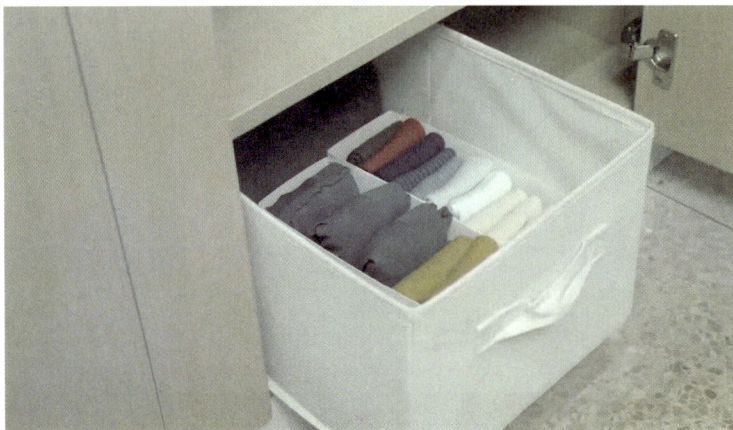

图 7-12　下方储物区

学习环节四　现场检验清理

1. 组内互查

对照柜子整理收纳示范图，小组内相互检查、点评已经整理完成的柜子，并提出改进意见。

2. 清理现场

整理收纳完成后,对现场的床铺、桌面、地面等进行清理。

学习环节五　整理工作评价

1. 认知目标考核评价

如表 7-1 所列的评价标准开展考核,按"完全记住(76～100 分)""记住(51～75 分)""一般记住(26～50 分)""未记住(0～25 分)"进行打分。

表 7-1　认知目标评价表

序号	评价要点	评价标准	配分(分)	得分(分)
1	整理收纳基本认识	举例说明整理收纳在日常生活中的应用	15	
2	柜子整理误区辨别	判定柜子整理的常见误区	15	
3	柜子整理收纳环节	陈述柜子整理收纳的四个基本环节	40	
4	柜子使用注意事项	陈述柜子使用的注意事项	30	
合计				
评分人	年　　月　　日		核分人	

2. 现场整理规范评价

对表 7-2 所列的评价标准开展考核,按"非常熟练操作(76～100 分)""熟练操作(51～75 分)""一般熟练操作(26～50 分)""不熟练操作(0～25 分)"进行打分。

表 7 - 2　操作规范评价表

序号	评价要点	评价标准	配分（分）	得分（分）
1	清空柜子	快速清空柜子，把所有书本文具杂物全部取出	10	
2	物品取舍	选择、取舍所有物品，柜子内日常用品保持常量，够用就好，柜内卫生保持清洁	20	
3	物品分类	集中分类所有物品，摆放整齐，物品种类与柜子空间格局一致	30	
4	物品收纳	根据使用频率和使用习惯，有序存放，易取易放	30	
5	现场清理	现场整洁，无杂物，符合场所卫生要求	10	
		合计		

评分人　　　　　　　　　　年　　月　　日　　　　　核分人

3. 劳动素养观测评价

对表 7 - 3 所列的观测点开展考核，按"完全达到（76～100 分）""较好达到（51～75 分）""基本达到（26～50 分）""未达到（0～25 分）"进行打分。

表 7 - 3　劳动素养评价表

序号	评价要点	评价标准	配分（分）	得分（分）
1	劳动观念	能积极、愉快地参加整理收纳	20	
2	劳动能力	能够合理地对柜子内物品进行分类，知道物品的作用并巧妙收纳	30	
3	劳动习惯和品质	养成使用柜子后及时进行整理归位、爱收拾、会整理的好习惯，并将整理中形成的经验转化为劳动技能	30	
4	劳动精神	遇到困难努力解决，对整理收纳质量要求高，精益求精	20	
		合计		

评分人　　　　　　　　　　年　　月　　日　　　　　核分人

完成整理收纳任务后,你觉得你在哪些方面还有待加强?

_____

_____

_____

任务拓展

学校组织学生到研学基地开展研学活动,请整理自己在基地寝室的柜子。

学习任务 八

鞋子整理与收纳

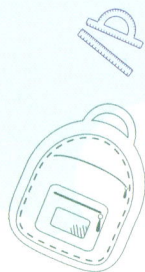

任务描述

任务 情景

　　随着生活水平的提高,学生的鞋子越来越多,有的鞋子堆放在一起发生了变形,有的过季鞋长期不穿有了生霉现象,有的不能穿的鞋子未及时舍弃在寝室里产生了臭味。为了节省空间,方便取放,学校要求学生掌握整理收纳的基本知识和技能,培养平时整理鞋子的习惯。现在请同学们在 3 个学时内,以小组合作的形式,完成鞋子的整理工作。

任务 要求

　　(1)对象要求:日常鞋子。

　　(2)质量要求:依据整理收纳标准的相关规定和个人收纳使用习惯,整理收纳鞋子,并编制合理的鞋子整理收纳步骤,形成统一的鞋子整理收纳标准。

　　(3)学时要求:3 学时。

　　(4)人员要求:独立完成鞋架空间规划、鞋子分类和整个鞋架的整理收纳;以小组合作方式完成互查并作出评价。

　　(5)流程要求:任务实施过程中需对照整理收纳标准的相关规定和个人收纳使用习惯。实施前需规划鞋架空间、鞋子分类,按照实施步骤完成鞋架的整理收纳,任务结束后小组成员互相检查,然后清理现场等。

（6）交付要求：需提供整理收纳后的鞋架展示图片和《鞋子整理与收纳规范》。

任务 资料

未经特别整理的寝室鞋架 1 个、基本功能规划梳理表 1 张。

任务 目标与学时

序号	学习环节	学时	学 习 目 标
1	环节一 认识整理收纳	0.5	① 能举例说明整理收纳在日常生活中的应用 ② 能判定寝室鞋子整理常见的误区 ③ 能正确识读鞋架整理收纳示范图 ④ 能叙述鞋子整理收纳的基本步骤
2	环节二 鞋架空间规划	0.5	① 能在教师指导下，独立完成鞋架空间的规划 ② 能在教师指导下，独立完成鞋架内所有鞋子的分类和取舍
3	环节三 物品整理收纳	1	① 能根据整理示范图，按照使用习惯和使用时间，对鞋架的鞋子进行灵活分类存放 ② 能在教师指导下，熟练操作鞋子的有序摆放，及时处理换季鞋子 ③ 能根据使用情况，及时清洁鞋子
4	环节四 现场检验清理	0.5	① 能根据收纳要求，检查并评价自己的整理情况和同学们的整理情况 ② 整理结束后，能根据场地要求完成现场清理 ③ 能主动获取有效信息，展示整理收纳成果，对整理进行反思总结，并能与他人开展良好合作，进行有效的沟通，养成自觉自愿、认真负责、团结协作的劳动品质
5	环节五 整理工作评价	0.5	① 能在教师的指导下，小组合作，推选代表展示自己整理完成的鞋子 ② 能倾听别人对自己作品的点评，并进行总结反思 ③ 能在教师的指导下，开展小组讨论并达成一致，客观、公正填写综合评价表（自评和互评）

学习环节一 认识整理收纳

1. 认识整理收纳

举例说明整理收纳在日常生活中的应用；用自己的话说出整理收纳的基本工作要求；查阅并收集生活区的收纳用品清单；判定寝室鞋子整理的常见误区。

（1）整理收纳应用：包括学习区整理、生活区整理等。

（2）整理收纳的意义：①培养生活技能。整理收纳的工作涉及空间规划、物品分类等诸多技能，学习整理收纳技巧可以帮助我们养成良好的生活习惯。②增强综合素质。了解整理收纳能够启发我们的规划意识和逻辑思维，在整理的过程中，锻炼思考问题和解决问题的能力。

（3）查阅并收集生活区的收纳用品清单。

（4）鞋子整理的常见误区：柜内鞋子堆放过多、穿过的鞋子未及时清洗、换季鞋子未及时更换等。

2. 熟悉鞋子整理收纳流程

扫描二维码，观看鞋子整理收纳视频。

3. 识读鞋子整理收纳示范图

陈述鞋子整理收纳的基本步骤，如图8-1、图8-2所示。

鞋子整理
收纳视频

图8-1 鞋子整理后的内部展示图

图 8-2　鞋子整理后的外部展示图

学习环节二　鞋架空间规划

1. 清空鞋架
把鞋架里的所有鞋子和物品取出。

2. 规划空间
鞋架作为一个独立空间,一般分布在床铺下面。

学习环节三　物品整理收纳

1. 鞋子分类
把鞋架内存放的所有鞋子全部罗列出来,主要包括拖鞋 1 双、球鞋 1～2 双、休闲鞋 1 双,总数一般不超过 4 双。

2. 鞋子取舍
根据鞋子的使用频率,需要根据季节及时调整鞋子的种类,换季鞋子带回家存放。

3. 鞋子整理

（1）清洁鞋子：寝室内的鞋子需定期清洗，保证整洁、无异味，如图 8-3 所示。

图 8-3　清洁鞋子

（2）按序存放：所有的鞋子需根据床位号整齐地放置在鞋架里面，不允许摆放在地面上，如图 8-4 所示。

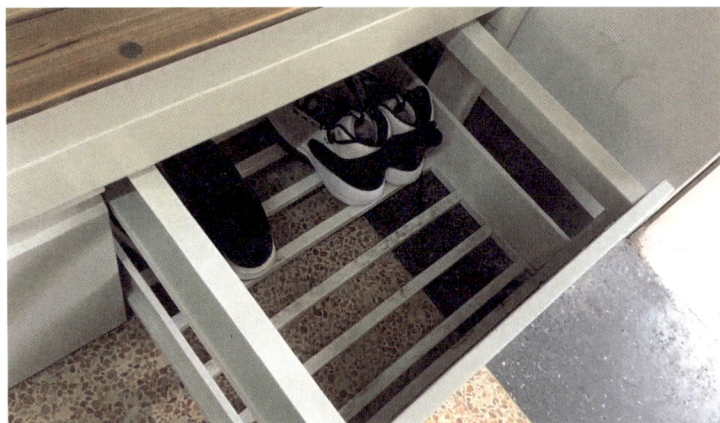

图 8-4　按序存放

（3）数量控制：每位同学的鞋子数量一般控制在 4 双以内，如图 8-5 所示。

图 8-5　数量控制

（4）摆放朝向：鞋子摆放时，应鞋头朝内，方便拿取，如图 8-6 所示。

图 8-6　摆放朝向

（5）及时关闭：每次取用后，应及时关闭鞋架门，以免影响他人，如图 8-7 所示。

图 8-7　及时关闭

学习环节四　现场检验清理

1. 组内互查

对照鞋子整理收纳示范图，小组内相互检查、点评已经整理完成的鞋子，并提出改进意见。

2. 清理现场

整理收纳完成后，对现场的地面等进行清理。

学习环节五　整理工作评价

1. 认知目标考核评价

如表 8 - 1 所列的评价标准开展考核，按"完全记住（76～100 分）""记住（51～75 分）""一般记住（26～50 分）""未记住（0～25 分）"进行打分。

表 8 - 1　认知目标考核评价表

序号	评价要点	评价标准	配分（分）	得分（分）
1	整理收纳基本认识	举例说明整理收纳在日常生活中的应用	15	
2	鞋子整理误区辨别	判定鞋子整理的常见误区	15	
3	鞋子整理收纳环节	陈述鞋子整理收纳的四个基本环节	40	
4	鞋子使用注意事项	陈述鞋子使用的注意事项	30	
合计				

评分人　　　　　　　　　　　年　　月　　日　　　　　核分人

2. 现场整理规范评价

对表8-2所列的评价标准开展考核,按"非常熟练操作(76~100分)""熟练操作(51~75分)""一般熟练操作(26~50分)""不熟练操作(0~25分)"进行打分。

表8-2 现场整理规范评价表

序号	评价要点	评价标准	配分(分)	得分(分)
1	清空鞋架	快速清空鞋架,把所有鞋子杂物全部取出	10	
2	物品取舍	选择、取舍所有物品,鞋架内日常鞋子保持适量,无过季鞋子	20	
3	鞋子清洁	鞋架内鞋子表面整洁,无异味	30	
4	鞋子摆放	鞋子摆放朝向一致,根据使用频率和使用习惯,有序存放,易取易放	30	
5	现场清理	现场整洁,无杂物,符合场所卫生要求	10	
合计				

评分人 　　　　　　　年　　月　　日　　　　核分人

3. 劳动素养观测评价

对表8-3所列的观测点开展考核,按"完全达到(76~100分)""较好达到(51~75分)""基本达到(26~50分)""未达到(0~25分)"进行打分。

表8-3 劳动素养观测评价表

序号	评价要点	评价标准	配分(分)	得分(分)
1	劳动观念	能积极、愉快地参加整理收纳	20	
2	劳动能力	能够合理地对鞋架内物品进行分类并巧妙收纳	30	
3	劳动习惯和品质	养成使用鞋子后及时进行归位、爱收拾、会整理的好习惯,并将整理中形成的经验转化为劳动技能	30	

(续表)

序号	评价要点	评价标准	配分(分)	得分(分)
4	劳动精神	遇到困难努力解决,对整理收纳质量要求高,精益求精	20	
		合计		

评分人　　　　　　　　　年　　月　　日　　　　核分人

完成整理收纳任务后,你觉得你在哪些方面还有待加强?

_____

_____

_____

任务拓展

学校组织学生到研学基地开展研学活动,请整理自己在基地寝室的鞋子。

洗漱台整理与收纳

任务描述

任务情景

寝室洗漱台的台面空间十分有限,如果寝室中每个人的洗漱用品全摆在台面上,会让台面拥挤不堪,十分杂乱,更显卫生间空间狭小而压抑。如果将这些常用的洗漱用品进行合理地整理收纳,可以让台面变得清爽而整洁。现在请同学们在 3 个学时内,以小组合作的形式,完成洗漱台整理工作。

任务要求

(1) 对象要求:寝室洗漱台。

(2) 质量要求:依据整理收纳标准的相关规定和个人收纳使用习惯,整理收纳洗漱台,并编制合理的洗漱台整理收纳步骤,形成统一的洗漱台整理收纳标准。

(3) 学时要求:3 学时。

(4) 人员要求:独立完成洗漱台空间规划、洗漱物品分类和整个洗漱台的整理收纳,小组合作方式完成互查并作出评价。

(5) 流程要求:任务实施过程中需对照整理收纳标准的相关规定和个人收纳使用习惯。实施前需规划洗漱台空间、分类洗漱物品,按照实施步骤完成洗漱台的整理收纳,任务结束后小组成员互相检查,然后清理现场等。

（6）交付要求:需提供整理收纳后的洗漱台展示图片和《洗漱台整理与收纳规范》。

目 任务 资料

未经特别整理的寝室洗漱台 1 个、基本功能规划梳理表 1 张。

任务 目标与学时

序号	学习环节	学时	学 习 目 标
1	环节一 认识整理收纳	0.5	① 能举例说明整理收纳在日常生活中的应用 ② 能判定寝室洗漱台整理常见的误区 ③ 能正确识读洗漱台整理收纳示范图 ④ 能叙述洗漱台整理收纳的基本步骤
2	环节二 洗漱台空间规划	0.5	① 能在教师指导下,独立完成洗漱台空间的规划 ② 能在教师指导下,独立完成洗漱台内所有物品的分类和取舍
3	环节三 物品整理收纳	1	① 能根据整理示范图,按照使用习惯和使用时间,对洗漱台台面的物品进行灵活分类存放 ② 能在教师指导下,熟练操作镜面、台面和台下储物区的清洁 ③ 能根据使用情况,及时处理闲置物品
4	环节四 现场检验清理	0.5	① 能根据收纳要求,检查并评价自己的整理情况和同学们的整理情况 ② 整理结束后,能根据场地要求完成现场清理 ③ 能主动获取有效信息,展示整理收纳成果,对整理进行反思总结,并能与他人开展良好合作,进行有效的沟通,养成自觉自愿、认真负责、团结协作的劳动品质
5	环节五 整理工作评价	0.5	① 能在教师的指导下,小组合作,并推选代表展示自己整理完成的洗漱台 ② 能倾听别人对自己作品的点评,并进行总结反思 ③ 能在教师的指导下,开展小组讨论并达成一致,客观、公正填写综合评价表(自评和互评)

学习环节一　认识整理收纳

1. 认识整理收纳

举例说明整理收纳在日常生活中的应用,用自己的话说出整理收纳的基本工作要求,查阅并收集生活区的收纳用品清单,判定寝室洗漱台整理的常见误区。

（1）整理收纳应用:包括学习区整理、生活区整理等。

（2）整理收纳的意义:①培养生活技能。整理收纳的工作涉及空间规划、物品分类等诸多技能,学习整理收纳技巧可以帮助我们养成良好的生活习惯。②增强综合素质。了解整理收纳能够启发我们的规划意识和逻辑思维,在整理的过程中,锻炼思考问题和解决问题的能力。

（3）查阅并收集生活区的收纳用品清单。

（4）洗漱台整理的常见误区:台面物品堆放过多、同类物品分散存放、闲置物品未及时清理等。

2. 熟悉洗漱台整理收纳流程

扫描二维码,观看洗漱台整理收纳视频。

3. 识读洗漱台整理收纳示范图

陈述洗漱台整理收纳的基本步骤,如图9-1所示。

洗漱台整理
收纳视频

图9-1　洗漱台整理后的展示图

学习环节二 洗漱台空间规划

1. 清洁洗漱台

清洁洗漱台的镜面、台面和台下储物区，并把洗漱台里的所有物品取出。

2. 规划空间

洗漱台的空间分为墙面置物区、台面区和台下储物区，如图 9-2 所示。

图 9-2 洗漱台空间分布

学习环节三 物品整理收纳

1. 物品分类

把洗漱台上摆放的所有物品罗列出来，主要包括洗衣液、肥皂、刷子等。

2. 物品取舍

根据个人使用情况，及时清理多余物品。

3. 物品收纳

（1）墙面置物区：按照床位号放置漱口杯。牙杯摆放时，手柄一致朝前。牙杯内，刷头朝上、牙膏开口朝下，如图9-3所示。

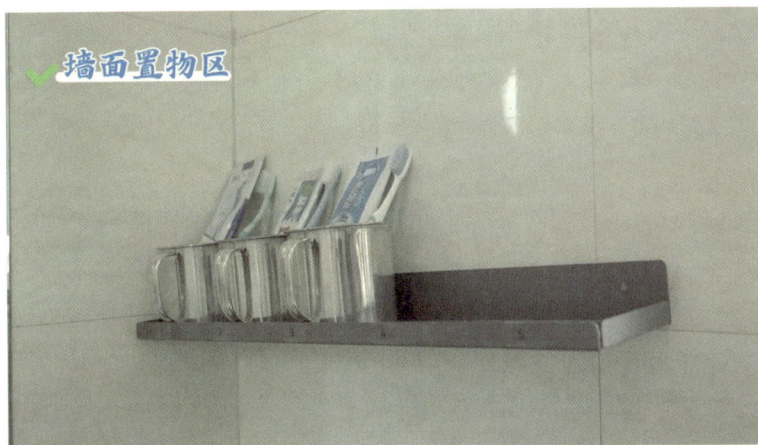

图9-3 墙面置物区

（2）台面区：台面区原则上不允许摆放任何物品，以保证清洁卫生，也方便他人使用洗漱台，如图9-4所示。

图9-4 台面区

（3）台下储物区：台下储物区分类放置洗衣用品，原则上同一品种物品存放数量为1件，如图9-5所示。

图9-5　台下储物区

（4）脸盆架整理：洗脸盆按照床位号放置在脸盆架上，个人毛巾放置在洗脸盆内，如图9-6、图9-7所示。

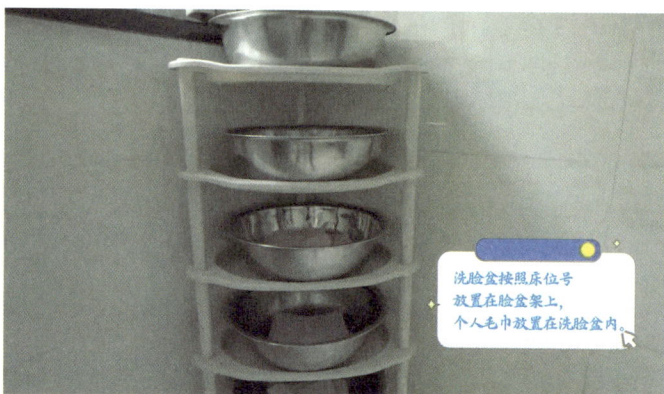

图9-6　洗脸盆放置

图9-7　毛巾放置

学习环节四 现场检验清理

1. 组内互查

对照整理收纳示范图相互点评已经整理完成的洗漱台,并提出改进意见。

2. 清理现场

整理收纳完成后,对现场的桌面、地面等进行清理。

学习环节五 整理工作评价

1. 认知目标考核评价

如表9-1所列的评价标准开展考核,按"完全记住(76~100分)""记住(51~75分)""一般记住(26~50分)""未记住(0~25分)"进行打分。

表9-1 认知目标考核评价表

序号	评价要点	评价标准	配分(分)	得分(分)
1	整理收纳基本认识	举例说明整理收纳在日常生活中的应用	15	
2	洗漱台整理误区辨别	判定洗漱台整理的常见误区	15	
3	洗漱台整理收纳流程	陈述洗漱台整理收纳的四个基本环节	40	
4	洗漱台使用注意事项	陈述洗漱台使用的注意事项	30	
合计				
评分人		年 月 日	核分人	

2. 现场整理规范评价

对表9-2所列的评价标准开展考核,按"非常熟练操作(76～100分)""熟练操作(51～75分)""一般熟练操作(26～50分)""不熟练操作(0～25分)"进行打分。

表9-2　现场整理规范评价表

序号	评价要点	评价标准	配分(分)	得分(分)
1	清空洗漱台	快速清空洗漱台,把洗漱台的所有杂物全部取出	10	
2	清洁洗漱台	清洁洗漱台镜面、台面等,选择、取舍所有物品,卫生间保持物品适量	20	
3	物品分类	集中分类所有物品,摆放整齐,物品种类与洗漱台空间格局一致	30	
4	物品收纳	根据使用频率和使用习惯,有序存放,易取易放	30	
5	现场清理	现场整洁,无杂物,符合场所卫生要求	10	
合计				

评分人　　　　　　　　　　年　　月　　日　　　　核分人

3. 劳动素养观测评价

对表9-3所列的观测点开展考核,按"完全达到(76～100分)""较好达到(51～75分)""基本达到(26～50分)""未达到(0～25分)"进行打分。

表9-3　劳动素养评价表

序号	评价要点	评价标准	配分(分)	得分(分)
1	劳动观念	能积极、愉快地参加整理收纳	20	
2	劳动能力	能够合理地对洗漱台内物品进行分类,知道物品的作用并巧妙收纳	30	
3	劳动习惯和品质	养成洗漱后及时进行整理归位、爱收拾、会整理的好习惯,并将整理中形成的经验转化为劳动技能	30	

（续表）

序号	评价要点	评价标准	配分(分)	得分(分)
4	劳动精神	遇到困难努力解决,对整理收纳质量要求高,精益求精	20	
		合计		

评分人　　　　　　　　　年　　月　　日　　　　核分人

完成整理收纳任务后,你觉得你在哪些方面还有待加强?

_____

_____

_____

任务拓展

　　学校组织学生到研学基地开展研学活动,请整理自己在基地寝室的洗漱台。

卫生间整理与收纳

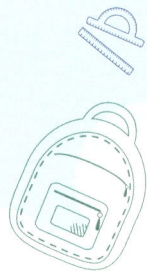

任务描述

任务 情景

　　寝室卫生间是同学使用频率较高的公共空间之一,干净整洁的卫生间会给同学较好的居住体验。寝室卫生间兼具了洗澡和如厕两大功能,干净卫生显得尤为重要。打扫不及时或物品杂乱,会给同学们带来较大的生活影响,甚至吸引蚊子、苍蝇、蟑螂等。现在请同学们在 3 个学时内,以小组合作的形式,完成卫生间整理工作。

任务 要求

　　(1) 对象要求:寝室卫生间。

　　(2) 质量要求:依据整理收纳标准的相关规定和个人收纳使用习惯,整理收纳卫生间,并编制合理的卫生间整理收纳步骤,形成统一的卫生间整理收纳标准。

　　(3) 学时要求:3 学时。

　　(4) 人员要求:独立完成卫生间空间规划、卫生间物品分类和整个卫生间的整理收纳,小组合作方式完成互查并作出评价。

　　(5) 流程要求:任务实施过程中需对照整理收纳标准的相关规定和个人收纳使用习惯。实施前需规划卫生间空间、分类卫生间物品,按照实施步骤完成卫生间的整理收纳,任务结束后小组成员互相检查,然后清理现场等。

(6)交付要求:需提供整理收纳后的卫生间展示图片和《卫生间整理与收纳规范》。

任务资料

未经特别整理准备的寝室卫生间 1 个,基本功能规划梳理表 1 张。

任务目标与学时

序号	学习环节	学时	学习目标
1	环节一 认识整理收纳	0.5	①能举例说明整理收纳在日常生活中的应用 ②能判定寝室卫生间整理常见的误区 ③能正确识读卫生间整理收纳示范图 ④能叙述卫生间整理收纳的基本步骤
2	环节二 卫生间空间规划	0.5	①能在教师指导下,独立完成卫生间空间的规划 ②能在教师指导下,独立完成卫生间内所有物品的分类和取舍
3	环节三 物品整理收纳	1	①能根据整理示范图,按照使用习惯和使用时间,对卫生间的物品进行灵活的分类存放 ②能在教师指导下,熟练操作卫生间的地面、墙面等清洁 ③能根据使用情况,及时处理卫生间内的闲置物品
4	环节四 现场检验清理	0.5	①能根据收纳要求,检查并评价自己的整理情况和同学们的整理情况 ②整理结束后,能根据场地要求完成现场清理 ③能主动获取有效信息,展示整理收纳成果,对整理进行反思总结,并能与他人开展良好合作,进行有效的沟通,养成自觉自愿、认真负责、团结协作的劳动品质
5	环节五 整理工作评价	0.5	①能在教师的指导下,小组合作,并推选代表展示自己整理完成的卫生间。 ②能倾听别人对自己作品的点评,并进行总结反思 ③能在教师的指导下,开展小组讨论并达成一致,客观、公正填写综合评价表(自评和互评)

学习环节一 认识整理收纳

1. 认识整理收纳

举例说明整理收纳在日常生活中的应用；用自己的话说出整理收纳的基本工作要求；查阅并收集生活区的收纳用品清单；判定寝室卫生间整理的常见误区。

（1）整理收纳应用：包括学习区整理、生活区整理等。

（2）整理收纳的意义：①培养生活技能。整理收纳的工作涉及空间规划、物品分类等诸多技能，学习整理收纳技巧可以帮助我们养成良好的生活习惯。②增强综合素质。了解整理收纳能够启发我们的规划意识和逻辑思维，在整理的过程中，锻炼思考问题和解决问题的能力。

（3）查阅并收集生活区的收纳用品清单。

（4）卫生间整理的常见误区：物品堆放过多、忽视垂直空间的利用等。

2. 熟悉卫生间整理收纳流程

扫描二维码，观看卫生间整理收纳视频。

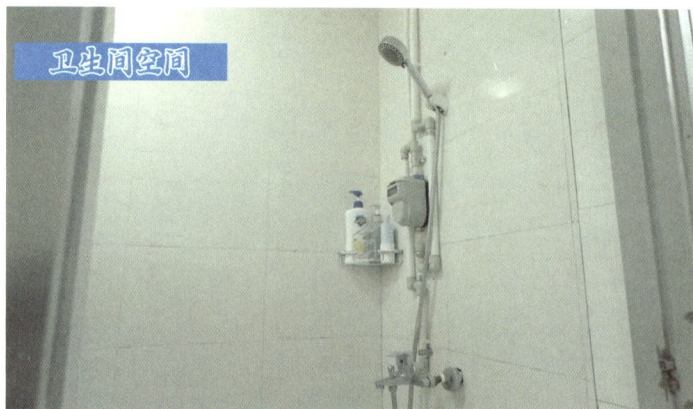

卫生间整理
收纳视频

3. 识读卫生间整理收纳示范图

陈述卫生间整理收纳的基本步骤，如图 10 - 1 所示。

图 10 - 1 卫生间整理后展示图

学习环节二　卫生间空间规划

1. 清空卫生间

把卫生间里的所有物品取出。

2. 规划空间

观察卫生间的总体空间,将空间分为淋浴区和厕所区,如图 10－2、图 10－3 所示。

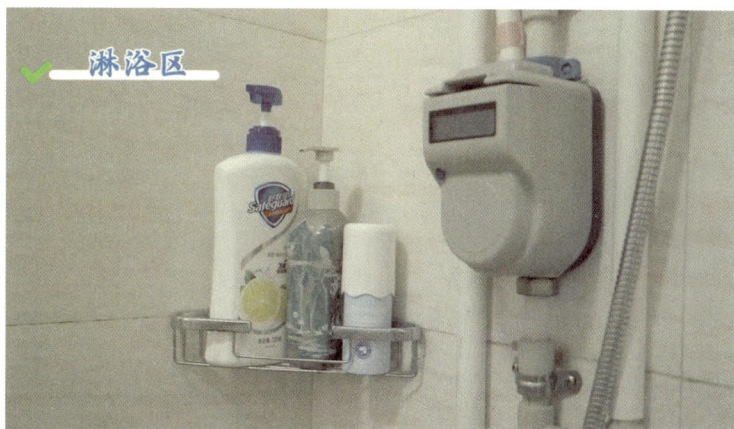

图 10－2　淋浴区

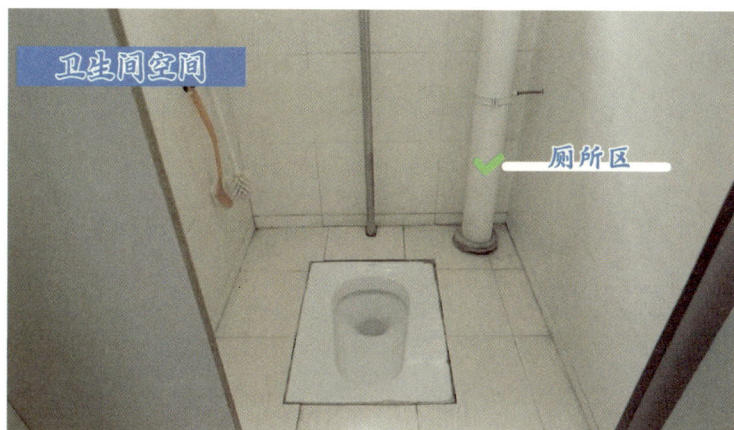

图 10－3　厕所区

学习环节三　物品整理收纳

1. 物品分类

把卫生间内的所有物品罗列出来，主要包括沐浴露1瓶、洗发用品1套、马桶刷1～2个等。

2. 物品取舍

根据个人使用洗浴用品的情况，及时清理多余物品。

3. 物品收纳

（1）淋浴区：沐浴露与洗发用品摆放在墙上的置物架上，如图10-4所示。淋浴器摆放在架子上，如图10-5所示。地面清扫干净，如图10-6所示。

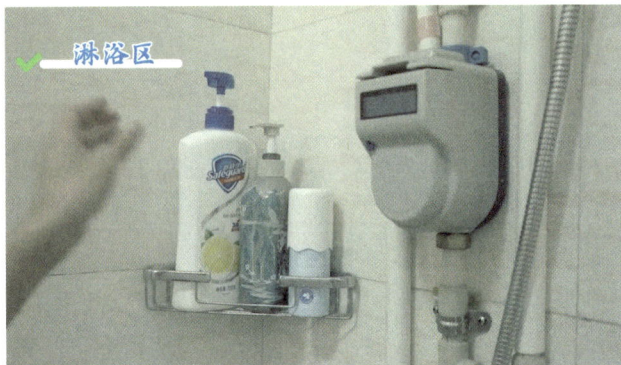

图10-4　置物架放置

图10-5　淋浴器放置

100

图 10‑6　地面清洁

（2）厕所区：清洁用品应悬挂在墙上的挂钩上，如图 10‑7 所示。厕所使用后应及时冲洗干净，如图 10‑8 所示。

图 10‑7　清洁用品放置

图 10‑8　厕所区清洁

学习环节四　现场检验清理

1. 组内互查

对照卫生间整理收纳示范图,小组内相互检查、点评已经整理完成的卫生间,并提出改进意见。

2. 清理现场

整理收纳完成后,对现场的桌面、地面等进行清理。

学习环节五　整理工作评价

1. 认知目标考核评价

如表 10-1 所列的评价标准开展考核,按"完全记住(76~100 分)""记住(51~75 分)""一般记住(26~50 分)""未记住(0~25 分)"进行打分。

表 10-1　认知目标考核评价表

序号	评价要点	评价标准	配分(分)	得分(分)
1	整理收纳基本认识	举例说明整理收纳在日常生活中的应用	15	
2	卫生间整理误区辨别	判定卫生间整理的常见误区	15	
3	卫生间整理收纳环节	陈述卫生间整理收纳的四个基本环节	40	
4	卫生间使用注意事项	陈述卫生间使用的注意事项	30	
合计				

评分人　　　　　　　　　　年　　月　　日　　　　核分人

2. 现场整理规范评价

对表 10-2 所列的评价标准开展考核,按"非常熟练操作(76～100 分)""熟练操作(51～75 分)""一般熟练操作(26～50 分)""不熟练操作(0～25 分)"进行打分。

表 10-2 现场整理规范评价表

序号	评价要点	评价标准	配分(分)	得分(分)
1	清空卫生间	快速清空卫生间,把所有物品全部取出	10	
2	清洁卫生间	清洁卫生间地面等,选择、取舍所有物品,卫生间保持物品适量	20	
3	物品分类	集中分类所有物品,摆放整齐,物品种类与卫生间空间格局一致	30	
4	物品收纳	根据使用频率和使用习惯,有序存放,易取易放	30	
5	现场清理	现场整洁,无杂物,符合场所卫生要求	10	
合计				

评分人　　　　　　　　　　年　　月　　日　　　　　核分人

3. 劳动素养观测评价

对表 10-3 所列的观测点开展考核,按"完全达到(76～100 分)""较好达到(51～75 分)""基本达到(26～50 分)""未达到(0～25 分)"进行打分。

表 10-3 劳动素养观测评价表

序号	评价要点	评价标准	配分(分)	得分(分)
1	劳动观念	能积极、愉快地参加整理收纳	20	
2	劳动能力	能够合理地对卫生间内物品进行分类,知道物品的作用并巧妙收纳	30	
3	劳动习惯和品质	养成使用卫生间后及时进行整理归位、爱收拾、会整理的好习惯,并将整理中形成的经验转化为劳动技能	30	

（续表）

序号	评价要点	评价标准	配分（分）	得分（分）
4	劳动精神	遇到困难努力解决,对整理收纳质量要求高,精益求精	20	
		合计		
评分人		年　月　日	核分人	

完成整理收纳任务后,你觉得你在哪些方面还有待加强?

_____

_____

_____

任务拓展

　　学校组织学生到研学基地开展研学活动,请整理自己在基地寝室的卫生间。

整理与收纳规范清单和二维码视频索引

序号	项目名称	空间区域	展示图	视频二维码	页码
学习任务一	书包整理与收纳	内部学习用品区			
		外侧生活用品区			4
		整体展示			
学习任务二	课桌整理与收纳	桌面书写区			14

（续表）

序号	项目名称	空间区域	展示图	视频二维码	页码
		桌下储物区			
		左侧悬挂区			
		右侧悬挂区			
		整体展示			
		教学用具区			
学习任务三	讲台整理与收纳	机动储物区			23
		文创用品区			

（续表）

序号	项目名称	空间区域	展示图	视频二维码	页码
		信息设备区			
		滞留物品区			
		室内娱乐物品区			
		户外运动物品区			
		整体展示			
学习任务四	保洁柜整理与收纳	左侧板悬挂陈列区			33
		右侧板悬挂陈列区			

（续表）

序号	项目名称	空间区域	展示图	视频二维码	页码
		背板悬挂陈列区			
		底板置物区			
		整体展示			
		标语区			
学习任务五	教室美化与设计	公告区			44

（续表）

序号	项目名称	空间区域	展示图	视频二维码	页码
		图书区			
		团员角			
		成果展示区			
		文化墙			

（续表）

序号	项目名称	空间区域	展示图	视频二维码	页码
学习任务六	床铺整理与收纳	整体展示			56
		床单整理			
		被子折叠			
		被子摆放			
		整体展示			
学习任务七	柜子整理与收纳	上方储物区			68
		衣物悬挂区			

（续表）

序号	项目名称	空间区域	展示图	视频二维码	页码
学习任务八	鞋子整理与收纳	下方储物区			80
		整体展示			
		清洁卫生			
		按序存放			
		摆放朝向			
		整体展示			
学习任务九	洗漱台整理与收纳	墙面置物区			89

（续表）

序号	项目名称	空间区域	展示图	视频二维码	页码
学习任务十	卫生间整理与收纳	台面区			
		台下储物区			
		整体展示			
		淋浴区			98
		如厕区			

（续表）

序号	项目名称	空间区域	展示图	视频二维码	页码
		整体展示			